Heinz Beckmann

Ich habe keinen Gott

*Ernst Barlachs
religiöse Provokation*

Chr. Kaiser

© 1974 Chr. Kaiser Verlag München. ISBN 3-459-00884-9
Alle Rechte vorbehalten, auch die des auszugsweisen Nachdrucks,
der fotomechanischen Wiedergabe und der Übersetzung.
Umschlag von Ernst Eichinger.
Abbildung: Ernst Barlach, Mann im Stock, Kunsthalle Hamburg.
Gesamtherstellung: Georg Wagner, Nördlingen.
Printed in Germany.

Vorwort

Auf Ernst Barlach zurückzukommen, mag tollkühn erscheinen. Doch mehren sich insgeheim Zeichen einer um sich greifenden Unruhe. Als Barlach in der Verfemung und Vereinsamung des Jahres 1938 starb, schrieb Manfred Hausmann nach Güstrow: »Sein Werk und sein Tod sind uns aufgegeben. Nehmen wir alle Kraft zusammen, um zu bestehen! Manchmal muß ich denken, daß Ernst Barlachs Werk eine gewaltige Antwort ist. Aber wo sind die Menschen, die sich zu einer entsprechenden gewaltigen Frage verstehen? Eine Antwort auf eine Frage, die die Menschheit noch nicht zu fragen wagte, das ist Ernst Barlach.« Es könnte ja sein, daß in der geheimen Unruhe unserer Tage diese Frage heranreift. Deshalb wird hier von Ernst Barlachs religiöser Provokation gesprochen.

Ernst Barlach soll zu Wort kommen. Das ist der Sinn dieses Traktates. Deshalb verstehen die Zwischentexte sich nur als Brückengeländer. Es war weder möglich noch beabsichtigt, sämtliche Texte vorzulegen, in denen Barlach sich zu »religiösen Fragen« geäußert hat. Das blieb schon deswegen ausgeschlossen, weil Barlachs Werk schlechthin Religion ist, was immer man darunter verstehen mag. Ausdrücklich wurde auf eine chronologische Anordnung der Texte verzichtet, denn es geht hier nicht um das Entwicklungsbild eines so oder so gearteten Menschen, sondern um die innersten Antriebe eines bis heute vollkommen unverwechselbaren Werkes, das ohne Vorbild, aber auch ohne Nachfolge blieb.

Es sollte das Wagnis unternommen werden, Ernst Barlach, den weithin Vergessenen, erneut »in die Debatte zu werfen«, weil hinreichend Verdacht besteht, daß trotz oder gerade wegen einer vermeintlich so lückenlosen Vermessung des Menschen durch Psychologie, Soziologie und Biochemie der Mensch dem Menschen wieder zu einem »unheimlichen Rätselwesen« wird. Dieses Rätselwesen war nach Barlachs Eingeständnis die Muttersprache seiner Kunst. Auf das Rätsel hatte er wohl wahrhaftig, um mit Manfred Hausmann zu reden, eine gewaltige Antwort. Es könnte sein, daß sie in der rasch wachsenden Unruhe unserer Tage zwar nicht unverzüglich angenommen wird, aber die entsprechende »gewaltige Frage« provoziert.   H. B.

Ein raffiniertes Zuchthaus

Ernst Barlach hat sich sein Leben lang dagegen gewehrt, als ein Gottsucher, als der feierliche Peter abgestempelt zu werden. Voller Spott sprach er von den Pfarrern und Lehrerinnen, die sein Drama »Die Sündflut« mit verteilten Rollen lasen, oder von den Regisseuren, die seine Dramen wie Oratorien spielten und die Leute auf der Bühne in Säcke steckten und zu Vogelscheuchen verkleideten. Genützt freilich hat Barlachs ständiger Abwehrversuch gegen die falsche Feierlichkeit nur wenig. Unverdrossen wuchs so etwas wie eine Barlach-Gemeinde heran, die sich als Sperre vor sein Werk legte. Noch heute wird den Leuten feierlich zumute, sobald sie auf Barlach zu sprechen kommen. Über Samuel Becketts literarische Herkünfte und Verwandtschaften kann man ganz nüchtern, ganz sachbezogen reden, solange Goethe oder Fontane oder Joyce im Gespräch sind, doch dann heißt es plötzlich von Beckett: »Er verehrt Barlach.« Nun ist es für beide Seiten, für Barlach und für Beckett, gewiß aufschlußreich, daß Samuel Beckett eine nahe Beziehung zu Barlach hat. Aber warum spricht man da von verehren?

Ehe man überhaupt an die Religion in Ernst Barlach herankommt, findet man sich bereits eingekreist von lauter religiösem Nebel, und niemand will begreifen, daß Barlach in dieser Sache ziemlich klare, ziemlich harte Auskünfte gegeben hat. Es waren und es sind ungemütliche Auskünfte, wenig geeignet, einer gewohnheitsgemäßen Religiosität Vorschub zu leisten. Deshalb hat sich ja die Barlach-Gemeinde so bemüht, die Auskünfte zu verschleiern, wabernde Nebel um ein Werk zu blasen, das damit jeder nüchternen Erprobung entzogen wurde. Das ist bis heute so geblieben, denn von der anderen, der mehr ästhetisch engagierten Seite kam hier kaum Hilfe. Sie wiederum fühlte sich abgestoßen und in ihrem ästhetischen Urteil irritiert durch das unzweifelhaft religiöse Element in Barlachs Kunst. Barlach selbst hat für seine Plastiken immer wieder nach dem sakralen Raum verlangt. Zu seinem fünfzigsten Geburtstag äußerte er auf Befragen einen Wunsch:

»Wenn die vierzig Holzskulpturen, die ich jetzt fertig habe, auf vier oder sagen wir acht Gruppen zusammengebracht werden könnten, die irgendwo ihren Platz hätten – – Aber Altäre werden nicht mehr verlangt.«

Sicher, das klingt fromm, doch steckt dahinter die ganze Nüchternheit eines Bildschnitzers, der zu seinem Kummer in seiner eigenen Zeit kein Vorbild fand. Während des Dritten Reiches, als er verfolgt und geschmäht wurde, hat Barlach in einer kleinen Schrift mit dem bissigen Titel »Lob der Bodenständigkeit« seine eigene künstlerische Herkunft sehr genau mit Namen benannt:

»Ich bekenne mich zur Schülerschaft von unbekannten Meistern, wie etwa des Christus am Kreuz, als oberdeutscher Herkunft bezeichnet, 13. Jahrhundert, zu sehen im Germanischen Museum in Nürnberg, oder eines anderen Christus schwäbischer Herkunft, 12. Jahrhundert, ebenda – und ⟨des⟩ Ungarnkreuz⟨es⟩ von St. Severin in Andernach, von einem Kölner Meister des 13. Jahrhunderts. Oder der Jesus am Kreuz der Gruppe eines Tiroler Meisters in Innichen, Südtirol, offenbar aus Willen zum Grotesken mit rauh hackendem Beil gestaltet und mit einem regelrechten Schifferbart – heute würde man dieses Antlitz aus eingebildeter Rassenkunde als negroid bespeien – unsre unbekannten Meister, falls sie dergleichen zur Zeit riskierten, wer gäbe ihnen Brot und Aufträge? Aber weiter, der weltberühmte und gewiß nicht artfremde Thorwaldsen mit *seinem* Christus, er wäre um Anno – höchstens bei der Zuckerbäckerinnung Meister geworden.«

Religiöse Nebelgefühle waren im 12. und 13. Jahrhundert wahrhaftig nicht an der Tagesordnung. So ist Barlachs Hinweis auf seine Schülerschaft von unbekannten Meistern ein deutlicher Affront gegen jene Barlach-Gemeinde, in der man es bis heute nicht gewagt hat, sich Rechenschaft zu verschaffen über das wahre religiöse Element in Barlachs Kunst. Es fällt auf, daß Barlach sich in seiner künstlerischen Herkunft ausschließlich auf Christusfiguren bezog, während er sich selbst doch nur ganz selten, auch kaum überzeugend, an eine Christusgestalt heranwagte. Aber seine Plastiken stehen dennoch in einem oft verblüffenden Zusammenhang mit jenen unbekannten Meistern. Wie es zu dieser, für das religiöse Element in seiner Kunst so schwerwiegenden Umsetzung von den Christusgestalten alter Meister in die »barlachsche Plastik« gekommen ist, sagt Barlach in einem Brief aus dem Jahr 1915:

»Ich bin wie ein Verliebter, der wohl den Schöpfer verehren möchte, aber, da Augen und Nerven, die ganze bewußte Fühlfähigkeit zur Verehrung und Dankbarkeit geneigt sind, so halte ich mich mit meiner Dankbarkeit ans Geschöpf, in dem mir ein sichtbares Zeichen, wie es zum Sakrament gehört, gegeben ist.«

Das ist ein starkes Wort, aber wenn Barlach einmal den Menschen als die Muttersprache seiner Kunst bezeichnete, muß man den sakramentalen Bezug gerne mithören. In der kleinen Schrift »Theodor Däubler« findet sich ein ganz ähnlicher Hinweis:

»Für mich ist das Organische in der Natur der Ausdruck eben des Inneren, die Menschengestalt der Ausdruck Gottes, soweit er im Menschen und hinterm Menschen brütet, steckt, wühlt.«

Doch muß man, wie der Graf von Ratzeburg in Barlachs Nachlaßdrama, noch tiefer durch den Wald hindurchbrechen, wenn man der religiösen Provokation in Ernst Barlachs Werk auf die Spur kommen will, einer Provokation, die gerade in unseren Tagen eines weithin diesseitigen

Christentums einige Wucht hat. Diese Provokation läßt sich umso eher beschreiben, als Barlach in einigen seiner Dramen die Provozierten als sehr liebenswerte dramatische Personen und Gegenspieler dargestellt hat, Menschen also, denen der Zugriff aus anderen, außerirdischen Bereichen nicht widerfährt, indessen der zu ihnen gehörende Mensch unbegreiflich zu entschwinden oder aber sich zu verändern droht. Da kommt der Gutsbesitzer Kurt Boll, der »gewaltig auf der Majestät seiner vier Buchstaben thront, gemästet von Selbstachtung, frisch aus der eigenen Weihräucherei und allein für sich ein Triumphzug«, mit seiner Frau Martha in die mecklenburgische Kleinstadt. Bei der Eingangsszene des Dramas sollte man zunächst einmal auf Frau Boll achten, auf die Provozierte, auf das Opfer so unbegreiflicher Umtriebe aus höheren Regionen:

»Boll und Frau kommen quer über den Markt.

Boll (bleibt stehen): Immer noch leichter Nebel – eigentlich gar nicht unsympathisch, Martha – was?

Frau Boll: Bis auf das Frösteln – und so – als wir Krönkhagen abfuhren, wurde es mir doch beinah ein ganz klein wenig zu frisch.

Boll: Hast Recht, Martha – immerhin, sieh diese verwischte Perspektive, mags woll leiden – – es kann mehr dahinter stecken, als man denkt, kann anders kommen, als ausgemacht ist, – und schließlich, was hat man auf die Dauer von dem flotten Lebenslauf mit garantiert ausgeschlossenen Beinbrüchen – wie sagst du, Martha?

Frau Boll: Ich weiß es nicht und niemand kann wissen, wozu es gut sein mag, daß etwas anders kommt als man denkt, aber darum lege ichs noch lange nicht auf an und laß den Respekt vor mir selbst außer acht – dazu versteh ich den lieben Gott viel zu gut, als wollt er wohl was anderes mit mir im Sinn haben, wie ich einsehn kann – nein – o nein!

Boll: Na, da ist der Laden – Bierhals & Co.! Soll ichs riskieren, bei dem Fräulein wieder abzulaufen? Sie hat den Geschmack, du hast die Entscheidung, und ich – wozu ich?

Frau Boll: Du weißt doch, Kurt, irgendwas Passendes für Tante Emma zum Geburtstag müssen wir kramen.

Boll: Ganz recht, Martha, der Fall ist so ein Fall und kann Kopf und Kragen kosten – und also, bei meiner Neigung zu Blutandrang und Schwindel – siehst du, Martha, das siehst du ein, seh ich schon – nicht? Ich darf dir doch noch die Tür öffnen? (Öffnet die Tür).

Frau Boll: Weißt du nicht, Kurt ... ja, und dann haben wir uns mit Prunkhorstens zum Essen bestellt und Otto und Bertha sind bei so was immer so reizend pünktlich und das verpflichtet uns doch zu gleichem – tu doch nicht so, Kurt! (Sie verschwindet).

Boll (zögert, für sich): Die Luft hats in sich, die Luft holts her und die Luft gibts heraus.«

So beginnt der Gutsbesitzer Boll den Weg seines Werdens, den Weg der großen Veränderung. Aber seine Frau besteht darauf, daß Boll Boll bleibt. Voller Unruhe spricht sie mit dem Bürgermeister:

»*Bürgermeister:* Ja, sehen Sie, wir sprachen von seiner Selbstverlorenheit, sollte man sich nicht vorsichtig der Frage nähern und meinen, daß der verlorene, sozusagen der bisherige Herr Boll der falsche, dagegen der jetzige und neue, neugefundene Boll der wahre Boll wäre – wenigstens, meine ich, ist es die Frage wert.

Frau Boll: Ist das Ihr Ernst – das wäre doch graulich, meinen Sie nicht auch?

Bürgermeister: Schon heute morgen ließ die Unterhaltung mit Ihrem Mann in mir ...

Frau Boll (flehend): Nein, Herr Bürgermeister, für solche Eröffnung kann ich nicht danken, welche Vorstellung, und wo bleibe ich, wenn Boll, mein alter, guter Kurt, gar nicht mehr der alte ist!

Bürgermeister: Es bereitet sich unmerklich im Dunkel des persönlichen Erlebens manches Geschehen vor.

Frau Boll: Das, das, nein, das ist unnatürlich. Das, wenn das zuträfe, wäre ja gleichsam ein Ernstfall, ein Trauerfall – ich würde vorziehen, ihn im Grabe zu haben, denn da wüßte ich immer, wer es ist, der da liegt, wer es war, und wie ich ihn mir fort und fort denken könnte – aber so – o Gott!«

Später, nach dem Essen mit Prunkhorstens, zu dem Kurt Boll viel zu spät kommt und den »Herr« mitbringt, der sich selbst als »eine schwache, kaum wahrnehmbare Abschattung Gottes« bezeichnet, sagt Frau Boll zu Otto Prunkhorst:

»Ich versteh beinah den lieben Gott nicht mehr, denn was könnte er wohl mit uns im Sinne haben, da ers offenbar anders meint als wir – nein, o nein!«

Martha Boll bleibt unberührt von der großen Veränderung in dem Gutsbesitzer Kurt Boll, der sich schämt, Boll gewesen zu sein, seit es über ihn kam aus der verwischten Perspektive. Martha Boll weiß, was der liebe Gott will. Am Ende weiß sie es nicht mehr, am Ende fühlt sie sich tief gedemütigt, weil ihr Mann von ihr verlangt, daß sie der Frau des Schweinehirten Grüntal die Hand küßt. »Nein, ich kann den lieben Gott wirklich nicht mehr begreifen!«, sagt Frau Boll. Gerade an ihr läßt sich ablesen, was in Barlachs Kunst geschieht. Darum ist es gut, daß der Dramatiker Barlach dann und wann die fassungslosen Opfer solcher Überfälle aus dem »anderen Leben« dargestellt hat. Warum er das konnte, läßt sich an einer frühen Briefzeile aus dem Jahr 1893 ablesen:

»Ja, es sind schwere Zeiten, und für einen konservativen, evangelisch-lutherischen Kunstjünger ist es halsbrechend und gefährlich, den schmalen Grat des Lebensweges zu wandeln.«

Barlach ist selbst in einer sicheren Frömmigkeit aufgewachsen und hat das auch niemals verleugnet. Er war Martha Boll, ehe ihn der Überfall erreichte, den er später den

Beginn seines »großen Arbeitstages« nannte. Als das geschah – nach der Rußlandreise, nach der Geburt seines Sohnes, wie immer man sich das erklären will – war Barlach immerhin schon 36 Jahre alt. Später hat er in dem Romanfragment »Der gestohlene Mond« einen solchen Überfall, gleichsam stammelnd, zu beschreiben versucht:

»Das Vorkommnis, das ihn im nächsten Augenblick überwältigte und für kurze, fast nicht meßbare Weile aus allen seinen Grenzen vertrieb, aus bürgerlicher Behaglichkeit, aus scheinphilosophischem Zeitvertun mit Angeln nach einem Fisch in mystischen Tiefen, dem er den richtigen Köder hingeworfen zu haben glaubte, – dieses Vorkommnis also war ein unmotivierter Überfall aus unbefahrenen und ungekannten Fernen auf seine ganz unvorbereitete Ahnungslosigkeit, ob Belehrung aus jenen Fernen oder umgekehrt momentane Entrücktheit, also Ausbruch seines Selbst in sie hinein, in eine angrenzende Nachbarschaft, mit deren Kenntnis er bisher verschont oder die ihm bisher gar vorenthalten gewesen, – er wußte es nicht –, nur fand er sich, als er seiner – sagen wir: bürgerlichen Vernünftigkeit wieder mächtig war, schwer atmend in der seinem Tisch gegenüberliegenden Ecke des kleinen, sonst leeren Weinzimmers, ohne sich erinnern zu können, daß er aufgesprungen und aus welchem Grunde er die sechs oder sieben Schritte irgendwohin zu tun sich genötigt gefühlt; immer noch schwer atmend, aber nun nicht etwa mehr erschrocken oder bestürzt, setzte er sich wieder zu seinem Glase, dessen Inhalt noch leicht zitterte, grade als ob es vor wenigen Sekunden niedergesetzt oder durch ein Rücken des Tisches beim vielleicht unvorsichtigen Aufstehen kaum merklich erschüttert wäre, ein Zeichen, daß zwischen Verlassen und Wiedereinnehmen seines Sitzes nur ein Räumchen, wie nichts an Zeit hineingehuscht, vorbeigefahren und schon wieder verschwunden war. Er saß, und das Bild, der Träger dieser ihn aus den Bezirken seines bisherigen Erlebens scheuchenden Erfahrung überfüllte großmächtig, wie es vor den

Augen gestanden, mit wilder Gewalt sein ganzes Wesen. Er hatte gesehen, und dann war der geteilt gewesene Vorhang zwischen dem Bild und den Augen zugeschlagen, und als Rest blieb ein gnadenloses Erkennen jener Größe und seiner Kleinheit, besser: vom Einssein des Ganzen mit dem Teil. Was er nun erinnernd bedachte, als er sein Glas wieder in der Hand gehalten und, ohne daran zu nippen, wieder niedergesetzt hatte, als sei der Wein vom Harren durch eine Ewigkeit verschalt und ungenießbar geworden, war dieses: Es war ein Schatten dagestanden, der von ihm selbst ausging, durch die Wolken stieß, den Mond verdeckte, die Sonne trübte und in den Weltenraum unabsehbar hineinragte, ja ihn erfüllte, denn es blieb kein Raum neben ihm, und wo Welt und Weltgestalt und Raum zwischen den Gestalten der Körper und Sterngruppen war, überall waren sie von dem Schatten, der von ihm ausging, verhüllt und in ihm geborgen. Und es war sein Schatten, das erkannte er am Schritt, der dem seinen folgte, und am Heben und Bewegen der Arme und Hände, das dem seiner eigenen Hände entsprach, wie an jeglicher Gebärde, die ihm im einzigen Augenblick bewußt wurde oder die er vollzog, wie man wohl tut, wenn man einen mitwandelnden Schatten auf der Erde eine Faxe zu machen nötigt. Er hatte während der Nichtzeit seines Schauens noch eins wahrgenommen: die Abschattung eines Körpers in der Unendlichkeit des Raumes, eine Gestalt wie ⟨die⟩ der Sonne in seltsamer Verzogenheit der Form, glühend, aber wie mit Dunst getrübt, die sich seltsam regte und wie im Krampf zitterte – weit, weit hinten, hoch über die Sonne hinaus, sich dehnte und zusammenzog und stürmisch schlug wie sein eigenes Herz, das im ersten heftigen Erschrecken zu laufen begonnen, so daß man, wäre man seiner wütenden und schmerzenden Bedrängnis unbewußt gewesen, hätte zweifeln können, welches von beiden Herzen dem andern den Anlaß zum Schlagen, mit dem es gegen Lähmung gewaltsam zu kämpfen schien, gegeben hätte.

Waus Blicke, während er noch sann, liefen längs der

nüchternen Wände dieses soeben noch als Stätte glücklicher Geborgenheit stillschweigend gepriesenen und ganz unglücklich proportionierten Raumes. Die Wände waren gestrichen und mit einem experimentierenden Ornament aufgelockert, das der ortsansässige Dekorationsmaler als das der Gegenwart entsprechendste Symbol, als Ausdruck seiner und unsrer Zeit aus seinen Vorlageblättern hervorgeklaubt hatte. Da hing das Bild des derzeitigen Staatsoberhaupts im Rahmen des vor kurzem allverehrten Vorgängers, die Pendeluhr in der Ecke querüber maß korrekt Zeit und Stunde nach jenem Wissen von Zeit, das einstweilen noch unveraltet allgemein anerkannt geblieben –, hier ein Stück Hausgreuel gab einem andern dort an der Wand nichts nach, der ausgestopfte Raubvogel breitete die vermotteten Flügel, der Wein im Glas verlangte frischen Zufluß aus der Flasche – und er selbst – Wau –, war er ein andrer oder noch der alte Wau? Es war wie ein Schuß gewesen, so heftig und auch so durchschlagend, aber sonst schien Alles beim Alten, nur daß Wau, wie seine Blicke sich an den Wänden stießen, nicht wußte, ob er mit denselben Augen oder solchen einer andern Fähigkeit zu schauen durch die Wände der Zeit gestoßen und die Grenzen des Raums umgestürzt hatte.«

Das ist ein schwieriger Text, doch der Mühe wert, denn in dem fast atemlosen Fortgang unaufhaltsamer Satzgefüge entfaltet sich der bedrohliche Zusammenhalt zwischen diesem und dem anderen Leben, die beide ineinander zu schwimmen zu scheinen. Nicht von ungefähr hat Ernst Barlach an die stammelnde, worteraffende Darstellung des Vorkommnisses, des Überfalls, eine so genaue, bedächtig nüchterne Beschreibung der kleinen Weinstube angehängt, die nach der Teilung des Vorhangs nun wieder nichts ist als sie selbst. Aber jeden Augenblick kann der Vorhang sich wieder teilen, kann in einem raschen Augenblick, in einem Husch, das Siegel der Geheimnisse sich lösen, und dahin ist die »Stätte glücklicher Geborgenheit«. Mehrmals taucht bei

Barlach der Mond als Siegel der Geheimnisse auf. In jenem Brief aus dem Jahr 1915, in dem er den Menschen ein sichtbares Zeichen nennt, »wie es zum Sakrament gehört«, schreibt Barlach an Less Kaerrick:

»Gestern abend hätten Sie mit spazieren müssen auf der Weide und im Wald, auf mondhellen Wegen. Es sind ja lauter Verborgenheiten überall in mir, d.h. im Menschen, grausam viele, aber ich halt's mit dem Mond, er sieht aus wie ein mächtiges Siegel am Himmel, und ich getröste mich meines Nichtwissens, indem ich erstaune, was das für Geheimnisse sein müssen, die so wunderbar versiegelt werden.«

In dem gleichen Brief heißt es wenig später:

»Wenn ich mit mir, wie Faust mit Mephisto, durch Himmel und Hölle spaziere, so hat's kein Mensch photographiert, und wenn man mir die Schädeldecke abnimmt und mikroskopiert währenddem mein Gehirn, so merkt man auch nichts davon, also wer soll es glauben? – – Und doch hat man wie in der Walpurgisnacht Räume hinter Räumen vorübergleiten lassen. Im Ernst: die Samen und Zellen sind voll Blut, da kann nicht dran herumgeschnitten werden. Das Ganze? Nein, es ist nur ein Bruchstück, ein Baumeister hat einen Dom begonnen und den Rest provisorisch unter Dach und Fach gebracht, – schlecht und blöd gesagt.«

Das klingt für Barlach noch recht harmlos, wenn er von dem hiesigen Menschenleben als von einem Provisorium spricht. Leicht könnten sich da gewohnte christliche Assoziationen im Blick auf eine neue Schöpfung einstellen, in der dereinst der Dom vollendet sein wird. Das Provisorische, das Fragmentarische der hiesigen Existenz steckt für Barlach viel tiefer. In einem Gespräch mit Friedrich Schult sagte er:

»Man kann den Menschen recht gut als einen Versuch der Natur betrachten, der fehlgeschlagen ist; wie es eine Reihe von Formen gibt, die sie wieder fallen ließ. Das

Tragische ist nur, daß noch der Weg empfunden wird, das Ziel, nach dem sich Tausende bewegen, wie der Magnet vom Pole angezogen wird. Und alle, die darum wissen, die haben an dem Unglücke zu tragen.«

Der Versuch Mensch ist fehlgeschlagen, und nun quälen sich die Wissenden, weil sie den Weg noch empfinden, das Ziel, den vollendeten Dom. Diesen noch empfundenen Weg entlang stehen manche Plastiken von Ernst Barlach, die schauen und lauschen und warten, »und es kommt keine Antwort«. Bis hin zu dem Fries der Lauschenden scheint hier das beinahe schon modisch verbreitete Motto »Warten auf Godot« von Samuel Beckett vorzuwalten, wie ja Barlach überhaupt bis tief in die Bezirke der Absurdität vorgedrungen ist. 1925 schrieb er in einem Brief:

»Ich für mein Teil komme von der Vorstellung nicht los, daß wir hier in der Hölle sitzen oder im Zuchthaus, einem ganz raffinierten Zuchthaus, mit sehr verschiedenen Strafgraden, in dem aber jeder mehr oder weniger zur Rebellion neigt, da uns der Zustand aasig verschleiert wird, so daß uns der Trost: ist die Strafe aus, so gehn wir halt nach Haus – – auch nicht gegönnt ist.«

Sogar der Gutsbesitzer Kurt Boll, der auf der Majestät seiner vier Buchstaben thront, frisch aus der eigenen Weihräucherei, sagt plötzlich zu dem Bürgermeister, den er in seiner Verwirrung mit Pastor anredet:

»Wie abscheulich unangebracht ist die Kreatur in diesem Dasein – wie ist sie ins Kälberleben hineingebracht – gefragt etwa, mit ihrem Einverständnis?«

Das Gottluderchen

Martha Boll würde so etwas niemals sagen, nicht einmal
fragen. Ihr trat kein Vorkommnis, kein Überfall, kein ge-
öffneter Vorhang in den Weg. Und wieder wird es gut sein,
sich einen solchen Überfall an einer Martha Boll zu vergegenwärtigen, an einem ganz normalen Menschen, der sich
durchaus angebracht wähnt in diesem Dasein und nichts
ahnt von der Hölle, von dem Zuchthaus, von der Absurdität der menschlichen Existenz. Davon sind bei Barlach nur
die Überfallenen betroffen, ja der Überfall, das Vorkommnis, ist sozusagen die Ursache der Absurdität, ihr Kehrbild,
wenn man so will, und darauf allerdings gilt es zu achten,
sobald man Ernst Barlach in einen Zusammenhang bringt
mit den »Absurden« unserer Tage. Der Zusammenhang besteht, selbst wo er auf umgekehrtem Weg hergestellt wurde.
Eugène Ionesco galt längst als ein Meister des absurden
Theaters, als er in sein Tagebuch notierte: »Aber ich kann
mich nicht damit zufrieden geben, nur die Mauern des Ge-
fängnisses zu kennen.« Er notierte noch erstaunlichere Dinge: »Ich bin nicht von hier, ich bin anderswoher, und dieses
Anderswo jenseits der Mauern gilt es wieder zu finden.« In
dem gleichen Tagebuch sagt Ionesco: »Es ist das Bild einer
Welt, meiner Welt, in der die Erde vom Himmel abgeschnitten ist: Eine Seele, meine Seele, in der die Erde vom
Himmel abgeschnitten ist, was bedeutet, daß ich von mir
selbst abgeschnitten bin . . .« Dieser Satz könnte nun geradezu als Motto zu Barlachs Drama »Der arme Vetter«
verwendet werden, in dem wir uns die andere Martha Boll,
nämlich den Kaufmann Siebenmark anschauen wollen. In
der inwendigen Konstellation zwischen zwei Menschen ist
die erste Szene dieses Dramas sehr eng verwandt mit der
Eingangsszene des »Blauen Boll«:

»(An einem Ostertag auf einer buschbewachsenen Heide in der Nähe der Oberelbe. Fräulein Isenbarn ist im Tannengebüsch versteckt und singt. Dann schweigt sie plötzlich und wartet.)

Siebenmark: Ja, du hast recht – es war ein herrlicher Ostertag.

Fräulein Isenbarn: Ach Gott!

Siebenmark: Du rufst Gott heute zum dritten Male – er wird wohl wissen, warum – ich weiß es nicht.

Fräulein Isenbarn: Nein, du nicht!

Siebenmark: Komm doch endlich heraus, du Stimme; meine Ohren sind satt, meine Augen sind hungrig.

Fräulein Isenbarn: Siehst du mich denn gar nicht?

Siebenmark: Keine Spur.

Fräulein Isenbarn: Aber du glaubst doch, daß ich's bin?

Siebenmark: Niemand anders, das kann ich beschwören – du allein!

Fräulein Isenbarn: Ich? Wer?

Siebenmark: Meine Braut, wer sonst?

Fräulein Isenbarn: Ein Stück Ostern auch – weißt du?

Siebenmark: Wo du bist, ist Ostern für mich und Pfingsten zugleich. Soll der blaue Oster-Himmel gelb werden vor Neid, wenn er hört, was du einmal zu mir sagtest? Weißt du noch?

Fräulein Isenbarn: Was?

Siebenmark: Du wärest müde, du selbst zu sein; damit fingst du mich. Wer Fräulein Isenbarn soviel bedeutet, daß sie in ihn verwandelt werden möchte . . .

Fräulein Isenbarn: Wirst du nie müde, du selbst zu sein (Tritt aus dem Gebüsch) Daß dus nur weißt – ich gehe heute mit Ostern spazieren, nicht bloß mit dir; bist du eifersüchtig?

Siebenmark: Auf solchen langweiligen Peter? – Hab keine Angst! – Aber es ist wahr: ein echter Ostersonntag heute!

Fräulein Isenbarn: Aber ein Tag, kein gewesener!

Siebenmark: Na ja, wenn du so willst. (Will nach der Uhr sehen) Wir haben noch . . .

Fräulein Isenbarn: Wenn ich nur deine Uhr umbringen könnte.

Siebenmark: Dann mußt du mich mit morden – ließe ich mir einfallen, heute das Dampfschiff zu verfehlen – – morgen früh nach Hamburg wäre es eine Hetze, und von da nach Cuxhaven zum Steamer wahrscheinlich zu spät – also: »mit der Uhr in der Hand« – –weißt du nicht einen Reim, du hast es ja heute damit?

Fräulein Isenbarn: Hast du das gemerkt?

Siebenmark: Du monologisierst, so lange wir unterwegs sind; mir ist dabei, als sprächest du mit einem Dritten, der aus der Luft ist, aber er hält Schritt mit uns.

Fräulein Isenbarn: Das tut mir leid. Was soll ich leugnen, mir ist heute ganz über ... menschlich, gewissermaßen. Schon daß wir da so spottbillig auf Wegen gehen, schien mir trostlos. Du bist wirklich ein braver Mensch, daß du mich so geduldig durch die Büsche sausen ließest – aber das ist nun einmal so – bei solchem Wetter fängt es bei mir an und ich werde nicht einmal rot dabei:

Krone des Lebens, Glück ohne Ruh –
Ist Sonnenschein und Wind dazu.

Heute mußt du mich damit nicht auslachen, heute nicht. – – Höre mal – aber steck die Uhr weg.

Siebenmark (tut es): Na.

Fräulein Isenbarn: Auferstehung ist doch kein leeres Wort – sieh dich bloß um.

Siebenmark: Soll ich nun hören oder sehen – erst sagst du: höre; dann: sieh dich um. Aber es ist wahr – die Natur ...

Fräulein Isenbarn: Mir kommt es vor, wie schon oft – aber heute ganz anders, als ob es in meine Seele aus vielen Weiten zusammenströmte, als ob etwas Glänzendes, Mächtiges, das sich verloren hatte, sich wieder heranfindet, als ob ganz altes Fremdes wieder ganz jung bekannt wird. Wirklich, als ob man auferstünde!

Siebenmark: Fräulein Isenbarn, meine Verlobte, du brauchst nicht aufzuerstehen, mein Schatz, du bist mir lebendig genug, vollständig!

Fräulein Isenbarn: Ich werde aber nicht gefragt, ob ich will. (Hans Iver kommt langsam heran, eilt dann vorüber, sie sehen ihm nach.)

Hans Iver, das ist der arme Vetter, ist Barlachs Grundfigur, wenn man seiner Religion auf die Spur kommen will. In einem Brief schreibt Barlach:

»Ich bin zu einseitig Mensch, armer Vetter, Verbannter, Zuchthäusler, sehe mit einer (entschuldige schon!) hellseherischen Unerbittlichkeit im Menschen die Hälfte von etwas Anderem, daß es mir auf das kleine bißchen Kultur gar nicht ankommt.«

Es ist nicht leicht, diese religiöse Provokation überhaupt noch zu begreifen, doch gerade deswegen handelt es sich ja um eine Provokation. Die hohe Abkunft des Menschen hat Barlach von jeher umgetrieben. Er konnte sich den Menschen nicht erklären, konnte ihn nicht aus psychologischer Beschaffenheit und gesellschaftlichen Verhältnissen berechnen. Schon 1911 findet sich in einem Brief die Bemerkung:

»Das Phänomen Mensch ist auf quälende Art von jeher als unheimliches Rätselwesen vor mir aufgestiegen.«

Um dieses Rätselwesen Mensch geht es auch in den österlichen Gesprächen zwischen Fräulein Isenbarn und ihrem Bräutigam, dem Kaufmann Siebenmark, für den der Mensch, auch seine Braut, alles andere als ein Rätsel ist. Kurz nach der ersten flüchtigen Begegnung mit Hans Iver erinnert Fräulein Isenbarn ihren Bräutigam daran, daß er ihr zu Ehren ein Gleichnis erdenken wollte:

Siebenmark: Ja, hör zu! Das Wasserrauschen hinter der Schiffswand – mir war das immer wie das Getöse der grundlosen, ewig widerhaarigen Unvernunft, in der wir uns mühsam Weg und Steg suchen müssen.

Fräulein Isenbarn: Aber es sollte doch etwas mit mir zu tun haben?

Siebenmark: Das kommt jetzt. Seitdem du da bist, ist die Unheimlichkeit der Welt nur noch dein Hintergrund in meinen Augen. Zwischen uns entstehen gegenseitige zehn Gebote mitten im Chaos. Die zehn Gebote für mich vernageln mir die mythische Welt mit bestimmten Forderungen und Verheißungen – so kann ich mein Leben wie einen Raum ableuchten – er hat seine sicheren Grenzen und Weiten. Das läßt sich hören, nicht? Bist du schlecht weggekommen?

Fräulein Isenbarn: Und für dich habe ich gar nichts Unheimliches, da ist gar nichts Fremdes mehr – wie?

Siebenmark: Du verstehst schon, was ich meine.

Fräulein Isenbarn: Nun will ich dir sagen, wie mir das Wasserplantschen hinter der Schiffswand vorkommt: wie das Ziehen und Sausen des Bluts in den Adern des größeren Lebens um uns, in dem wir treiben.«

Der inwendige Konflikt ist da, Siebenmark wird ihn verlieren. Hans Iver, dem plötzlich die Augen darüber aufgegangen sind, daß er ein Bastard ist aus höherer Herkunft, hat sich mit einem selbstmörderischen Schuß in die Brust verletzt. Osterspaziergänger brachten ihn in eine Gastwirtschaft, wo man ihn in eine Stube bettete. Dort kommt es zu einem Gespräch mit Siebenmark:

Iver: Na, überhaupt. Ich setze voraus, daß Sie wissen, was für ein verarmtes – verbuttertes, verbohrtes Ding Sie sind. Das darf ich doch voraussetzen? Wie?

Siebenmark: Setzen Sie alles voraus.

Iver: Nun gut, haben Sie nicht manchmal Momente, wo sie verarmter Vetter den hohen Herrn in seinem Glanz vorüberfahren sehen? Das heißt: Sie spürens in sich, als käme Ihnen etwas nahe, von dem ein Verwandtes zu sein Ihnen wißbar wird. Und das Herz stockt Ihnen, Sie schnappen nach Luft, und Sie brüllen wie ein Vieh auf in Ihrem Elend. Sie – Herr Zwieback – – brüllen Sie nicht auch manchmal über Ihr Elend?«

Natürlich versteht Siebenmark solche Rede nicht. Ganz anders aber lautet später ein Gespräch zwischen Hans Iver und Fräulein Isenbarn:

»*Iver:* Wie kommen Sie hierher?

Fräulein Isenbarn: Wie ich herkomme? Ich habe keine Gründe, ich bin da.

Iver: Passen Sie denn hierher?

Fräulein Isenbarn: Sie wohl?

Iver: Gott, wenn ich bedenke, wo ich schon einmal getanzt habe, es können nicht immer feine Lokale gewesen sein. Trotzdem – es soll anders werden, ich will fort – gehen Sie mit? (Lacht): Der Spaß dabei ist, daß ich schon weg bin. Verstehen Sie Anspielungen?

Fräulein Isenbarn: Nein, nicht im geringsten.

Iver: Schade, ich hätte sonst gesagt: der Spaß ist, daß Sie auch nicht mehr da sind – oder habe ich unrecht?

Fräulein Isenbarn: Ich verstehe Sie nicht – ganz.

Iver: Aber ich kann nicht deutlicher werden wegen der Leute – nämlich, ich möchte wohl wissen, wohin Sie eigentlich zu Hause gehören.

Fräulein Isenbarn: Ich verstehe, Sie meinen . . .

Iver: Richtig, das meine ich, grade das – – wir sind in derselben Gegend zu Hause, man hörts am Dialekt. Sonderbar, daß man sich so in der Fremde begegnen muß – wie?«

Ahnungsvoll nennt Siebenmark später im Gespräch mit seiner Braut den armen Vetter Hans Iver »den andern, durch den das Ärgernis kam«. Fräulein Isenbarn wurde vom armen Vetter am gleichen Dialekt erkannt als ein Mensch, der auch anderswo zu Hause ist. »Mir fehlt der Abglanz vom Jenseits, das ist es!«, sagt Siebenmark zu seiner Braut, und als Hans Iver seine Wunde aufgerissen hat und im Gebüsch verblutet ist, fordert Siebenmark die Entscheidung. Über Ivers Leiche sagt er:

»*Siebenmark:* Du hast die Wahl zwischen uns beiden.

Fräulein Isenbarn: Wählen darf ich?

Siebenmark: Aber vergiß nicht, daß dein nächstes Wort so scharf und entscheidend ist wie ein Schuß.

Fräulein Isenbarn (nickt mit Entzücken, eilig): Ihn – ihn wähle ich.«

So wird Siebenmarks Braut »Magd eines hohen Herrn«. Wieder kann man den Überfall aus der hohen Verwandtschaft am ehesten begreifen, wenn man sich an das Opfer hält, an den normalen, alltäglichen Menschen, der von solcher Verwandtschaft nichts ahnt. Ihm bricht die »siebenmärkische Welt« zusammen, aber eine andere Welt hat er nicht. Kurz vor seinem Tod sagt Hans Iver: ». . . und Siebenmarks ganzes Leben ist nur ein schneller Frostschauer seines Ewigen, nichts weiter.« Hans Iver aber zieht sich sterbend ins Gebüsch zurück und sagt:

»Aber wo läuft dies alles hin – mehr rechts – mehr links, das ist die Frage. Aber es muß ja nicht gelaufen sein, es gibt nicht rechts, es gibt nicht links mehr, Gott, ich danke dir Gott, daß du das alles von mir losmachst. Es gibt bloß noch hinauf, hinüber, trotz sich – über sich.«

Im armen Vetter enthüllt sich für Barlach das unheimliche Rätselwesen Mensch als die Hälfte von etwas anderem, als der Bastard einer hohen Verwandtschaft oder, wie die Christen sagen, als Geschöpf Gottes. Nur ist da der Zusammenhang verloren gegangen. An seinen Vetter Karl Barlach schrieb Ernst Barlach 1918:

»Unsre Unterhaltung über den »Armen Vetter« ist wohl einstweilen überflüssig geworden. Ich kann aber um eins nicht herum. Ich lebe mit den Gestalten jahrelang so, daß sie mir so unpsychologisch vorkommen wie uns das Leben um uns. Sie handeln so, weil sie müssen, die Natur schafft es, nicht die Überlegung oder Konstruktion. Ich fühle nicht, daß ich schreibe, dichte, schaffe, sondern ich schreibe nieder, was geschieht, was ich erfahrend wahrnehme. Ich wäre versucht, beteuernd zu sagen: Es war in Wirklichkeit so. Iver steht auf einem andern Stern, gehört nicht hierher. Das Gefühl habe ich jahrelang mit mir getragen: Man ist hier überflüssig.«

Zwei Jahre vorher hieß es in einem Brief über den »Armen Vetter«:

»Ich rechne meine Abstammung nicht von hihten, von rückwärts, sondern von vorn, von oben her. Ich meine es z.B. bitter ernst, wenn ich meinen Freund, den Dichter Däubler, für einen verirrten Herrn aus einer höheren Existenzform, aus übermenschlichem Bereich, halte. Seit Jahren habe ich ein Drama liegen, das »Der arme Vetter« betitelt ist, den Menschen als verarmtes und ins Elend geratenes Nebenglied aus besserem Hause ansieht (uneheliche, bastardhafte Beschaffenheit). Selbiges Stück beginnt mit Selbstmordversuch aus obigem Grunde, spielt, nebenbei, in Wittenbergen an der Elbe ... Ich gebe zu, diese »höhere Abkunft« ist eine langweilige Sache, wo sie kein Grundgefühl ist. Wieweit sie das bei mir ist, weiß ich nicht wirklich, aber fast alle meine Plastiken seit zehn Jahren, seit ich in Rußland war und den Jungen habe, schwafeln ihr Teil davon.«

Man muß also nicht unbedingt erst Barlachs Dramen gelesen oder gesehen haben, ehe einem seine religiöse Provokation aufgeht. Beinahe alle Plastiken und auch Graphiken beziehen sich auf einen anderen Raum, auf das Wasserplantschen hinter der Schiffswand – ja sie sind ohne diesen anderen Raum überhaupt nicht denkbar. Barlach selbst hat seine Plastiken einmal »Hälften« genannt und in einem Brief an Edzard Schaper geschrieben:

»So sind auch wohl alle meine Gestalten nichts anderes als zum Sprechen und Handeln geborene Stücke dieses unbekannten Dunkels, wie ich auch nichts dagegen zu sagen habe, wenn man meint, daß meine plastischen Gestalten nichts sind als sehnsüchtige Mittelstücke zwischen einem Woher? und einem Wohin?«

Daß Barlachs Bettler nicht im landläufigen Sinn Bettler sind, begreift man sofort. Aber auch die Berserker, die Verzweifelten, die Schwertzieher, die Flüchtenden, die panisch Erschreckten, alle diese ungebärdig aufgerührten Gestalten haben ihren Aufruhr nicht von hier. Ihre Bewegung führt anderswohin, wird von anderswoher entfesselt. Wenn man die Plastiken von Ernst Barlach anschaut, könnte man sagen, daß sie mit ihrer Gebärde oder ihrem Stillhalten einen anderen Raum hervorrufen, doch mindestens ebenso zutreffend wäre die Behauptung, daß sie aus einem anderen Raum her geschaffen wurden. Jedenfalls sind sie niemals für sich selbst da, sondern bleiben auf eine herausfordernde Art halb. Nicht von ungefähr hat Barlach sich um schwebende Gestalten, in der Plastik und in der Graphik, so inständig gemüht. Der Engel aus dem Güstrower Dom, von dem ein Abguß auch in der Kölner Antoniterkirche hängt, ist die Vollendung solcher Mühe, gerade weil er uns so schwer erscheint und deshalb den Namen Engel nicht zu verdienen scheint. Was wir mit dem Namen Engel verbinden, das ruft Barlach mit dem so schwer schwebenden Engel überhaupt erst hervor, jenen Raum nämlich, in dem Engel zu Hause sein könnten.

Sie alle sind arme Vettern, diese Gestalten aus Holz, haben ihr bestes Teil woanders. Nur bringen sie dieses Woanders mit einer unwiderstehlichen Wucht zum Vorschein. Aber was ist denn dieses Woanders, wer ist denn jene höhere Verwandtschaft des armen Vetters Hans Iver? So zu fragen, erlaubt Ernst Barlach nicht. Die Menschen in seinen Dramen, die Gestalten aus Holz, haben davon nur eine ungefähre Vorstellung. Sie »schwafeln« ihr Teil davon, wie Barlach an Edzard Schaper schrieb. Gerade darauf jedoch kam es ihm an. Er wollte die eigene Erfahrung, anderswoher zu stammen, in seiner Kunst darstellen, ohne sich auf geläufige religiöse Formeln festzulegen, die seiner Meinung nach einer solchen Erfahrung im Wege stehen. Als sein großer Arbeitstag begann, wenige Jahre vor dem ersten Weltkrieg, also im Anbruch des zwanzigsten Jahrhunderts, lebte er in einer Menschenwelt, die sich, aller vermeintlichen Frömmigkeit zum Trotz, beileibe nicht mehr als armer Vetter empfand. Deshalb mußten sozusagen die Anfänge der Religion erst wieder freigelegt werden, und genau aus diesem Grund ist die Provokation der Barlachschen

Kunst heute so zeitgemäß, wäre sie so zeitgemäß, falls wir denn hinschauen und hinhören wollten.

Doch schon mit seinem ersten Drama »Der tote Tag« hat Barlach keinen Zweifel daran gelassen, worum es in seiner Kunst letzthin geht. Dort gibt er nämlich dem Bastard Mensch, dem armen Vetter den angemessenen Namen, der eigentlich für alles gilt, was Barlach in seinem Leben geschaffen hat. Der Sohn, der ein Muttersohn bleibt, weil er seines Vaters nicht habhaft werden kann, ringt bei Nacht mit einem Alb. Mitleidig sagt der Alb zu dem Sohn:

»Armer Kerl, armes Gottluderchen, das du bist.«

Den Schluß des Dramas vollzieht ein Dialog zwischen dem blinden Kule und dem Hausgespenst Steißbart:

»*Steißbart:* Halt! Ich bin so gut wie ein Stab, ich weiß den Weg.
Kule: Wohin kann ich noch kommen sollen?
Steißbart: Ein Weg braucht kein Wohin, es genügt ein Woher.
Kule: Du und ich! Welcher Weg wäre uns beiden der rechte?
Steißbart: Botengängerweg, daß die Welt weiß, was wir wissen.
Kule: Und was wissen wir?
Steißbart: Woher das Blut kommt, bedenken sollen sie. Alle haben ihr bestes Blut von einem unsichtbaren Vater.
Kule: Dein Geschrei klingt sonderbar.
Steißbart: Aber wie Blutgeschrei richtig. Sonderbar ist nur, daß der Mensch nicht lernen will, daß sein Vater Gott ist.«

Der Zusammenhang, in dem hier der Name Gottes auftaucht, wird manchen zutiefst erschrecken, aber solches Erschrecken ist notwendig, wenn man nur annähernd Barlachs Bild vom Menschen in der hiesigen Welt begreifen will. Alles, was er vom Menschen als Hälfte, als Bastard, als mißglücktes Unternehmen der Natur, als Zuchthäusler geschrieben und in seinen Plastiken gestaltet hat, findet seinen

Namen in der erschreckenden Bezeichnung »Gottluderchen«. Die allzu sanften, oft auch sehr hochgemuten und
wiederum allzu beruhigenden Vorstellungen vom Menschen als Geschöpf oder als Kind Gottes werden mit einem
einzigen, sehr barlachschen Wort zertrümmert. Denn der
Mensch, hier auf Erden besehen, ist wahrlich nur ein Luder,
ist, wie es in Barlachs Lieblingsdrama »Der Findling« heißt,
ein »Gottesgreuel«. Im Vorspiel des Dramas wird ein fort-
geworfenes aussätziges Kind gefunden:

»*Baß:* Ersäuft es doch, das Kind ohne Namen,
   Der Schreck der Zeit hat es im Schlamm geheckt
   Die Angst hat sich diese Gestalt zurechtgebogen,
   Die Sorge hat sich solchen Sohn aus dem Bauch gezogen.
   Die Hure hat ihn mit geilen Gespenstern gemacht
   Und bei Gräbern und Galgen aus Totensamen zurecht-
   gebracht.
   Die Sünde hat ihn hingesudelt.
Tenor: Einen Borstenbart hats an der Backe, sein Haar ist
   mit ausgeschwitztem Horn verklebt. Wie Klumpen Kot
   stechen seine Gedärme aus dem Leib, fingerlanges Ge-
   würm frißt an der faltigen Haut, sein Rücken ist ein
   Gerümpel von gebrochenen Knochenstücken.
Baß: Das frischgeformte Grundübel ganz und gar, ersäuft
   das Elend mit dem Elendskind.
Pfingsten: Der Baß brummt brav: das Kind ist namenlos.
   Sein Biederbaß ist viel zu vornehm, solchen Bengel zu
   bevattern.
   Und wie der Baß, so beißen alle Bässe,
   Und mit den Bässen stutzt die ganze Welt
   Vor ihrer bösen Brut von einem Buben:
   Ein verfluchtes Gebräu von Zufallszucht, – –
   Wenns nur nicht hübsch hinten herum ein Bastard wohl,
   Aber kein erbärmlicher von irgendwo,
   Sondern der Allerweltssohn schlecht und recht und echt,
   Euer aller Kind und Kindeskind,
   Euer aller Schuld, euer aller Schande,

Euer aller aufgedeckter Schaden,
Wenn es nur nicht ihr selber wärt,
In einem Knäul und Greul von Offenbarung.
Baß: Ein Versehen von tausend Vätern,
Eine Pfuscherei von tausend Müttern,
Ein Spucknapf voll von faulem Speck und Dreck,
Ertränkt das Elendskind.«

Das ist wohl nun deutlich genug. Unwillkürlich denkt
man bei solcher Schilderung des Findelkindes an Barlachs
Holzschnitt »Der göttliche Bettler« aus der Folge »Die
Wandlungen Gottes«. An Krücken auf den Knien rutschend
ist der göttliche Bettler auf einer Leiter mit geborstenen
Sprossen zur Erde heruntergekommen. Hinter ihm, zwischen den Leitersprossen, wimmelt es von ekelhaftem
menschlichen Gewürm. Vor ihm aber steht ein erbärmliches
Kind, dem Findelkind ähnlich. Der Mensch ist ein Luder,
und so hartnäckig auch immer Ernst Barlach sich gegen die
Dogmen seiner Kirche aufgelehnt haben mag – aus ganz
anderen Gründen übrigens, als das heute üblich ist –, so
sagt doch Hans Iver, der arme Vetter, vor seinem Selbstmordversuch zu dem entlassenen Lehrer Voß:

»*Iver:* Meinen Sie, daß die Geschichte von der Erbsünde
so ein voller Nonsens ist? Nein, da ist was dran. Um
nichts und wider nichts wird man nicht verknackt, so
verleugnet von den eignen vornehmen Verwandten, so
zu Leuten ausgetan, wie unsereins.«

Unser aller Schuld und aufgedeckter Schade ... Das ist
das Luderchen Mensch, und erst wo das in tiefem Erschrekken gesehen wird, darf man dem Luderchen das ungeheure
Wort »Gott« voransetzen, erst so wird es ein Gottluderchen. »Sonderbar ist nur, daß der Mensch nicht lernen will,
daß sein Vater Gott ist.« Deswegen hat er sich verpfuscht,
verludert. »In überfließender Liebe ausgeströmt und als
frecher Haß geboren, Bastarde, Bastarde, Bastarde!«, sagt
der göttliche Bettler in dem Drama »Die Sündflut« und
droht mit seiner Krücke, Gott selbst also spricht von

Bastarden, nicht von seinen Kindern. Hier entfaltet sich eine der großen Paradoxien bei Ernst Barlach, die wahrscheinlich mehr sind als seine eigenen. Zwei Engel haben Gott bei Noah angemeldet, nicht eigentlich bei Noah, sondern bei der heidnischen Sklavin Awah, die der »böse« Calan ihm jüngst geschenkt hatte. Noah findet Awah weinend am Boden:

»*Noah:* Sie wollten mich nicht von sich lassen – (bestürzt) – Awah bist du allein? Wo – wo – wo, Engel des Herrn, Boten Gottes, heiliger Boden, wo eure Füße gewandelt! (Er taumelt, fällt neben Awah nieder und küßt ihre Hände.) Deine Hände haben sie berührt, deine Seele weint über sie, gib mir ab von deinem Weinen, schenk mir deinen Schmerz, teile mit mir, Awah.

Awah: Er kommt, sie verkündeten, daß er naht. Du sollst ihn fühlen, du sollst ihn sehen. Gott sollst du sehen; er kommt, Gott kommt.

Noah: Sehen – Gott sehen? Mit diesen meinen Augen? (Entsetzt): Er, der sie mir gab, um Kühe und Kälber zu prüfen, will die Kraft seines ewigen Glanzes auf sie werfen? – Zwei Mauselöcher sollen das Bild des Höchsten beherbergen? Sie werden zerbrechen, sie werden verbrennen, sie werden erblinden. (Steht auf) Ahire hat recht, Sem hat recht, es war Spuk und Spott, es war Blendwerk und Betrug. Awah, steh auf; aus meinen Augen und verbirg dich im Dunkel deines Hauses, weine weiter im Winkel und hüte dich, daß mein Gram nicht in Grimm ausbricht. Auf – fort. Bah, bah, nichts als Abgötterei und Besessenheit!«

Aber Gott kommt wirklich, ein Bettler mit Krücken »und steht flehend da«. Noah wirft sich nicht zu Boden, Noah bedeckt nicht seine Augen, damit sie nicht verbrennen. Noah geht »erschüttert näher«.

»*Bettler* (mit vertraulicher Unbehilflichkeit): Sieh, ein Steinwurf am Kinn und Kratzwunden überall – Schläge, soviel Schläge. – Hunger habe ich auch! (Er sieht Noah lächelnd an.)

Noah: Schläge? Auch hungern mußt du?

Bettler: Ich bin ganz mager und alt, bin hilflos und brauche wenig. (Lächelnd) Und doch muß ich hungern.

Noah: Und kommst zu mir um Speise?

Bettler (leise): Ja, zu dir, Noah, zu dir.

Noah (scheu): Ach, die Zeit – wie lange Zeit verging seit früher.

Bettler (leise): Und du bist alt und fast fremd geworden – wie dich die lange Zeit verändert hat! (Sie sehen sich an, suchen immer mehr sich zu erkennen.)

Noah: Willst du nicht hereintreten?

Bettler: Nicht wahr, du jagst mich nicht von deiner Tür, hetzest keine Hunde auf mich – ich bin so einsam in der Welt und wagte weither zu wandern, weil ich dachte, du nähmest mich auf. Habe viel Mühe unterwegs gehabt. Doch – du siehst so anders aus.

Noah: Ach, Vater, aus welcher Ferne kommst du zu mir?

Bettler: Ich darf auch nicht bleiben, nur ansehen wollte ich dich und mich erquicken lassen.

Noah: Bist du doch noch im Leben, armer alter Vater, warum schleppst du dich so schwer durch die Welt?

Bettler: Die vergangene Zeit hat mich vergessen, und ich habe sie verloren, bin verirrt und verlaufen. Doch nun bin ich bei dir, Noah, mein Sohn.

Noah (stürzt zu seinen Füßen, umfaßt seine Knie, steht wieder auf und sieht ihn prüfend an): Bist du es, Vater?

Bettler: Ja, Noah, ich bins, hast du mich vergessen?

Noah (schüttelt den Kopf): Ich bin verwirrt, du bist doch mein Vater gewesen. Vater, die Kinder sind Männer, und wir sind große Leute geworden – und du bist ein Fremder in der Ferne?

Bettler: Ja, wir sind weit auseinandergeraten, und meine Dinge sind nicht mehr deine Dinge – – doch, doch, Noah, du warst einst mein Sohn.«

Da ist sie, die große Paradoxie. Noah hält Gott für seinen irdischen Vater. Vor Gottes Ankunft hatte er sich gefürchtet, doch nun kommt sein Vater als Bettler zu ihm.

Gott aber an den Krücken des Bettlers sagt: »Du warst einst mein Sohn –« Gott sagt: »Wir sind weit auseinandergeraten –«. Es hilft Gott nicht einmal mehr, selbst zu den Menschen zu gehen. Der Holzschnitt »Der göttliche Bettler« zeigt, was dort auf ihn wartet. Die Menschen erkennen ihn nicht, allenfalls halten sie ihn für ihren irdischen Vater. Nun muß man freilich einen Augenblick absehen von der besonderen Art der Gottesgestalt in dem Drama »Die Sündflut«, von der noch zu reden sein wird. Wichtig ist jetzt die Bestätigung des Bastards, also nicht mehr des Sohnes, denn dieser Bastard Mensch ist bis hinein in Barlachs Nachlaßdrama »Der Graf von Ratzeburg« ein Grundthema der Barlachschen Kunst geblieben. Gott sagt zu Noah: »Du warst einst mein Sohn.« Auch in dem Drama »Der tote Tag« taucht diese Vergangenheitsform auf, ergänzt allerdings durch eine Zukunftsform. Dort sagt der blinde Kule zu dem Sohn:

»*Kule:* Es hat Menschen gegeben und wird wieder welche geben, die mit dem Hauch ihres Mundes sprechen können zu einem Gott: Vater! Und dürfen den Ton in ihren Ohren hören: Sohn!«

Heute gibt es solche Menschen nicht. Heute sind sie Bastarde, arme Vettern einer hohen Verwandtschaft. Wenn überhaupt von Religion in Ernst Barlachs Werk gesprochen werden darf, dann muß man sich an das Gottluderchen halten, das Muttersöhnchen, das vom hiesigen Dasein nicht mehr loskommt, muß man sich an den Bastard halten, von dem der göttliche Bettler sagt, er sei einst sein Sohn gewesen. Aber gerade weil Ernst Barlach diese Entfremdung, diese Entfernung – ja, wir sind weit auseinandergeraten – allenthalben sieht, ist der Bastard Mensch für ihn umso mehr ein Zeichen, wie es zum Sakrament gehört. Allenthalben in seinen plastischen Gestalten versucht er das Zeichen aufzudecken, den ganz anderen Raum hervorzurufen, der besonders unausweichlich wird, wenn die Gestalten sich gegen ihn verhüllen.

Ein Vizekönig

Plötzlich sprach Ernst Barlach von Gott. Dabei sprach er nicht durch eines Menschen Mund, sondern durch das Hausgespenst Steißbart: »Sonderbar ist nur, daß der Mensch nicht lernen will, daß sein Vater Gott ist.« Barlach hatte eine große Scheu, den Namen Gott auszusprechen. Der junge Hirte, dem Calan in dem Drama »Die Sündflut« beide Hände abschlagen läßt, um Gottes Ohnmacht, Gottes Abwesenheit zu beweisen, dieser junge Hirte sagt:

> »*Hirte:* Ich schäme mich von Gott zu sprechen und auch sonst sprach ich nie von ihm. Das Wort ist zu groß für meinen Mund. Ich begreife, daß er nicht zu begreifen ist, das ist all mein Wissen von ihm.«

In einem ganz anderen Zusammenhang, der dafür gar nicht geschickt zu sein scheint und dennoch kaum zufällig sein dürfte, hat Barlach in einem Brief ganz ähnlich gesprochen:

> »Ich habe mir in der Zeit seit der Jugendliebe bis heute einen ganz guten Heuhaufen zusammengeschwärmt und -geliebt. Aber – na kurz – denn ich kann hier keinen Band Gemütsgeschichte liefern, – es ist mir etwas unheimlich, von »Liebe« zu reden. Es ist wie mit dem Wort Gott. Nimmt man den Begriff so hoch, so weit, so tief er es verlangt, so bringt man die Lippen nicht voneinander, nimmt man es häufig auf die Zunge, so macht man daraus Backpflaumenmus.«

Man könnte sich eine theologische Doktorarbeit vorstellen unter dem Titel »Der Gottesbegriff bei Ernst Barlach«. Darin wäre viel zu sagen, bis hin zum Verdacht des Pan-

theismus, der freilich mit einem Hinweis auf die mittel-
alterlichen Mystiker rasch auszuräumen wäre. Die ganze
Doktorarbeit bliebe aber gedroschenes Stroh, wenn sie
nicht davon ausginge, daß Ernst Barlachs erstes und letztes
Wort über Gott lauter Schweigen war. Es kommt nicht von
ungefähr, daß fast alle seine Holzbildwerke einen geschlos-
senen Mund haben. Sie schweigen, und so setzen sie sich zu
Gott in Beziehung. Eine andere Möglichkeit ist ihnen nicht
gegeben. Erst das Schweigen ist die angemessene Art, von
Gott zu reden. Ja, man muß darin noch weiter gehen, denn
die vollends von Gott ergriffenen Gestalten sind obendrein
blind. Und Bettler sind sie auch, aller ihrer Habe und Geltungen ledig. Nur so allenfalls können sie »bei Gott« sein.
Darum wird der sogenannte Gottesbegriff bei Ernst Barlach theologisch kaum zu fassen sein. Er setzt voraus, daß
man schweigt, also horcht; daß man blind ist, also »seine
Augen im Himmel hat«; daß man, einem Bettler gleich,
frei geworden ist von allem, was man hatte und galt nach
irdischem Maß, also mit Noahs Sohn Sem sagen kann:

»*Sem:* Gott verbirgt sich hinter Allem, und in Allem sind
schmale Spalten ... so dünn, daß man sie nie wieder
findet, wenn man nur einmal den Kopf wendet.«

Wer Barlach wirklich begreifen will, muß sich diesen
Satz von Sem aus dem Drama »Die Sündflut« zum Noten-
schlüssel wählen. Einen anderen Zugang zu seinem Werk
gibt es nicht. Doch nicht von ungefähr haben wir uns, ganz
im Sinne Barlachs, besonders der Gutsbesitzersfrau Martha
Boll und des Kaufmanns Siebenmark angenommen. Sie
schweigen nicht, noch sind sie blind. Sie erfreuen sich ihrer
irdischen Geltung und haben ihren Gott, von dem sie genau
wissen, was er will. Dieser Gott aber, der Gott der Frau
Boll und des Herrn Siebenmark, ist nach Barlachs Meinung
ein selbstgeschaffener Gott, ein Gott nach eigenem Schick.
Gewiß, man könnte da vorschnell folgern, Barlach leugne
den Gott der Christenheit, den Herrn Zebaoth und setze
stattdessen ein numinoses Geheimnis, ein mystisches All,

einen immer Höheren, der niemals erscheint und deshalb für die Menschen unverbindlich bleibt. Doch muß man hier genau aufpassen. Jenem selbstgeschaffenen Gott nach eigenem Schick, der für einen Atheisten demnach überhaupt nicht existiert, gibt Barlach einen sehr hohen Rang. Er ist, wie Barlach sagt, »ein Vizekönig im Sein«. Und sobald man diese Bezeichnung hört, werden einem plötzlich auch jene Dramenfiguren begreiflich, in denen Barlach Gott auf die Bühne bringt. Er spricht dann von »fernen Abschattungen Gottes«, und wie ein Vizekönig den König vollmächtig vertritt, so wird man sich auch an diese Abschattungen zu halten haben. Aber Barlach hat das in einem Brief über das Drama »Die Sündflut« selbst viel besser gesagt:

»Ich begebe mich auf folgenden Gang: Gott, der Schöpfer alles Seins, der Inbegriff, das Absolute, ist menschlich unfaßbar: unpersönlich–persönlich, – gut–böse, beides verlangt die menschliche Einsicht und kann's doch nicht fassen. Er steht also überm Vermögen der menschlichen Erkenntnis, Calan hat die große Ahnung von einer übermenschlichen Göttlichkeit, und doch lasse ich den Gott der Bibel, des Durchschnitts, Zebaoth-Jehova, als Herrn und Schöpfer persönlich dartreten. Er wird als absurd hingestellt, und ich lasse ihm doch die Ehrwürde und Erhabenheit als Gestalt. Sein Dasein ist voll Leben und Persönlichkeit, und so durfte er mit seinen Engeln gestaltet werden. Aber weiter: soll er absurd sein, ein Schöpfer, der Pfuscherei begeht und Mensch und Tier büßen läßt, so kann er in Wirklichkeit nicht Herr, Rächer und überhaupt nicht zuständig sein als derjenige, der befiehlt, beschließt, vernichtet und die nach seiner Art und Weise ›Guten‹ rettet. Selbstverständlich kann ich *seinen* Herrn und Meister nicht in Erscheinung treten lassen, mir genügt, daß ich die Ahnung seines Seins im menschlichen Stammeln hervorblitzen lasse. Auch Zebaoth, mit Verlaub, ein Geschöpf, ein Menschengott, aber immerhin nichts Totes, sondern das Größte, was Menschen geschöpft haben, eine Anschauung, die wandelbar ist, eine

Gestalt, die leidet und kämpft, ein Vizekönig im Sein – – eine überwundene Notwendigkeit, die aber besteht, wie Sonnenbahn und Planetenkreise bestehen, obgleich wir seit einiger Zeit Sonnennebel und Milchstraßensysteme jenseits unsers Spiralnebelsystems kennen. Schöpferisch auch er in seiner Absurdität und einbegriffen in das Wesen, dessen Wirklichkeit zu ermessen das Werkzeug der Menschen, ›Kopf und Gefühl‹, nicht ausreichen.«

Wie ernst es Barlach mit dem Vizekönig, mit der Abschattung Gottes etwa in der Gestalt des Bettlers ist, sagt jene Begegnung, in der Noah den göttlichen Bettler nicht für Gott, sondern für seinen leiblichen Vater hält. Neben Noah steht die schöne, fremdrassige, heidnische Sklavin Awah, die Calan ihm schenkte. Auf Noahs Geheiß hat sie einen Krug mit einem kühlen Trank für den Bettler geholt. Da läßt sie den Krug fallen und schlägt die Hände vors Gesicht:

»*Noah* (hebt den Krug auf): Laß gut sein, Awah, nur ein paar Tropfen sind vergossen. (Awah blickt um sich.)
Noah: Was siehst du, Kind?
Awah: Die Welt ist winziger als Nichts, und Gott ist Alles – ich sehe nichts als Gott.
Bettler: Glaub ihr, Noah, sie hat Gott gesehen.
Awah (hält die Ohren zu): Gott ist die große Stille, ich höre Gott.
Bettler: Glaub ihr, Noah, sie hat Gott gehört.
Calan (berührt Awah): Ich bins, Awah, sieh mich an.
Awah: Stört mich nicht. (Schaut um sich) Alles Gott, alles Gott!«

Barlach sagt nicht, daß Awah den Bettler anschaut, er sagt: sie schaut um sich. Das kann man gar nicht wichtig genug nehmen. Indem der Bettler da ist, sieht Awah Gott, hört Awah Gott. Und der Bettler bestätigt, daß sie Gott sieht. Der in menschlicher Gestalt, in der Abschattung faßbare Gott bringt die Gegenwart des unfaßbaren, des wahren Gottes mit sich, wie der Vizekönig die Gegenwart des

Königs vertritt. Das mag ein bißchen schwierig klingen, aber nicht zufällig hat Barlach solche Erkenntnis einem Heidenmädchen anvertraut. Er hatte nämlich keine Theologie, kein abgedichtetes System seiner Gedanken über Gott. Deshalb konnte er auch am Ende seines Briefes über die »höhere Abkunft« des armen Vetters ohne jeden Widerspruch zu seinen Äußerungen über den Gott der Bibel schreiben:

»Nach solchen Tagen bin ich abends gewöhnlich in einer etwas alttestamentarischen Verfassung, die sämtlichen Probleme können mir gestohlen werden. ›Der Herr ist mein Hirte, mir wird nichts mangeln.‹«

Es ist bei Barlach nicht möglich, eine solche Wendung als zulässige abendliche Sentimentalität abzuwerten. Dagegen sprechen die Ruhenden, die Getrösteten, die Aufrechten unter seinen Bildwerken. Ja, Barlach hat sogar seine religiöse Provokation von der anderen Hälfte des Menschen in solche Frömmigkeit eingebracht, und es würde schwerhalten hier einen Widerspruch nachzuweisen. In dem Romanfragment »Seespeck« geht der Icherzähler von der Anrede »Lieber Vater« von ungefähr in die Anrede »Lieber Gott« über:

»Lieber Gott, mach mich nicht frömmer, als ich bin, ich fürchte nicht wenig, es ist schon zuviel des Guten in mir. Warum? Die Frommen müssen ja faul werden, ihnen geht's ja gut, sie sind ja in ewiger Sicherheit, was kann ihnen passieren! Aber wir andern, wir Sünder, wir merken, was es heißt: auf der Welt sein, an uns hängen Gewichte und zerren und überdehnen uns – sehnen, sehnen tun wir uns, wir sind gespannt bis zum Reißen. Habe ich nicht schon oft gesagt: wie glücklich bin ich, so unglücklich zu sein? Eben, grade fielen mir ein paar Verse ein, und ich wette, noch nie haben sie einen Menschen so überwältigt, noch nie sind sie so in einem Menschen auferstanden, weißt du: ›Was von Menschen nicht gewußt oder nicht gedacht, durch das Labyrinth der Brust wandelt in der Nacht . . .‹ Die Frommen merken gar nicht, was in der Welt eigentlich die Welt ausmacht, die armen Frommen! Sollte ein gutes Gewissen wirklich ein sanftes Ruhekissen sein? Meinetwegen, aber ein schlechtes Gewissen schläfert nicht ein, mit einem schlechten Gewissen fangen wir an, Hellhörer und Hellseher zu werden, wir Mäuslein in der Falle hören Farben und sehen Töne, wir Armensünder – wenn in unsere Zelle halb vier Uhr die Sonne durch den Baum im Hofe scheint und die Sonnenkringel hin- und herschwingen, glauben leicht: so sieht unsere Seele aus, so ein Lichtschattengemisch ist's in uns. Wenn dann die Sonne verdunstet und der Schatten bleibt, bleibt bis zum nächsten Tage halb vier, dann wissen wir doch, wir sind nur Hälften, und unser Anderes sitzt nicht mit im Loch . . .«

Das Andere, was ist das eigentlich? Vielleicht ein Gott hinter dem lieben Gott, der König hinter dem Vizekönig? Und auch der Mensch wäre beladen mit seinem eigenen Anderen? Wo immer man bei Barlach anfängt, stößt man unwiderruflich auf dieses Andere, auf eine, wie wir heute sagen würden, existentielle Erfahrung ganz anderer Herkünfte und Seinsweisen, als sie uns hier im irdischen Maß geläufig sind. Um diese Erfahrung notdürftig zu benennen, hat Ernst Barlach sich sehr verschiedener Ausdrucksweisen bemächtigt. Er kann von den ungeheuren Welten hinter dem wahrnehmbaren Weltraum sprechen, aber zugleich auch von einer scheinbaren Minimalform des immer ganz Anderen, bis hin zur Winzigkeit eines Punktes. In dem Drama »Die echten Sedemunds« sagt der alte Sedemund:

»Ich möchte mir aber ausbitten, daß diese meine gegenwärtige famose Form nicht Herrn Sedemunds einzige ist! Da ist noch eine andere, großmächtig wie ein Punkt! Dieser Punkt Namenlos ist mit Herrn Sedemund eins, so eins, daß es sein Eigentliches ist, und so kommt es heraus, daß Herr Sedemund eigentlich gar nicht Herr Sedemund ist, sondern der Punkt, den keine Faust fassen kann; daß Herr Sedemund nur der Kofferträger seines Selbst ist, das wie ein

Punkt ohne Ohr, ohne Odem, ohne Qual, rein wie das Nichts, sündlos wie die Sonne – ganz gemütlich drin sitzt. Wohin Herr Kofferträger Sedemund den Punkt abzuliefern hat, das weiß er nicht.«

Es ist notwendig, Ernst Barlach auch auf dem Hintergrund seiner Zeit zu sehen, einer Zeit der sogenannten liberalen Theologie bis hin zu dem schon völlig verweltlichten »Leben Jesu« in dem damals so erfolgreichen Roman »Hilligenlei« von Gustav Frenssen, einem norddeutschen Dorfpfarrer, bis hin auch zu dem so aktiven und als höchst modern empfundenen »Evangelisch-Sozialen Kongreß«, der die heute vorwaltende Betonung der sozialen Elemente des Neuen Testamentes längst vorweggenommen hatte. In diese religiöse Szene brach 1919 ein schweizerischer Dorfpfarrer mit seiner Schrift »Der Römerbrief« wie ein Erdbeben ein. Es wäre verfehlt, Ernst Barlach mit irgendeiner christlichen Theologie zusammenzubinden. Doch kann es schwerlich ein Zufall sein, daß der Bildhauer und Dichter Ernst Barlach den »ganz anderen Gott« in seinen Dramen und Bildwerken mit einer so unentrinnbaren Ausschließlichkeit als die entscheidende Erfahrung der menschlichen Existenz schon dargestellt hatte, ehe Karl Barth seinen immer ganz anderen Gott den liberalen Theologen entgegenschleuderte. Diese theologische Zwischenbemerkung ist zur Abwendung möglicher Mißverständnisse unerläßlich, bevor man sich auf Barlachs Auseinandersetzungen mit dem Christentum einläßt. Er hat diese Auseinandersetzung nicht gewollt, er war durch und durch Künstler und dessen gewiß, daß sich in seinem Werk so etwas wie Verkündigung zu verwirklichen suchte. In einem Brief an seinen Vetter schrieb er im Jahr 1914:

»Nun habe ich ja aber diese überwältigende Leidenschaft, den Beruf. Auch eine Art Ehe, und zwar eine vom Himmel her . . .«

Das entscheidende Ereignis seiner Auseinandersetzung mit dem Christentum hat eine Vorgeschichte. Barlach lebte, zunächst nur während des Sommers, später aber für immer, in der mecklenburgischen Stadt Güstrow. Der Kirchenvorstand der Güstrower Domgemeinde, angeleitet von ihrem Pfarrer Johannes Schwartzkopff, hatte bei Barlach ein Denkmal für die Gefallenen des ersten Weltkriegs in Auftrag gegeben und damit jenen schwebenden Engel auf den Weg gebracht, dessen unüberbietbares Schweigen mehr über Barlachs Religion aussagt als jeder seiner Versuche, den ganz anderen Gott, die andere Hälfte des Menschen in Worte zu bringen. Es ehrt die Güstrower Domgemeinde und deren Kirchenvorstand, daß sie im Jahr 1927 den Mut aufbrachte zu einem so außergewöhnlichen »Ehrenmal«. Fünf Jahre später jedoch fand sich der Kirchenvorstand beunruhigt durch Barlachs offenkundige Abstinenz gegenüber dem Glaubensleben seiner Kirchengemeinde. Da erst fühlte Barlach sich herausgefordert. Er nahm die Beunruhigung im Kirchenvorstand der Domgemeinde sehr ernst und schrieb einen seiner längsten Briefe, adressiert an den Pfarrer Johannes Schwartzkopff, mit dem er seit den Planungen für das Güstrower Ehrenmal persönlich vertraut war:

»Sehr geehrter Herr Pastor, in der Zuschrift des Domgemeinderats muß auch ich zwischen den Zeilen das Eigentliche, nämlich den Vorwurf der lauen Christlichkeit und der mangelnden Bekennerfreude herausfühlen und weiß allerdings diese von seelsorgerlicher Anteilnahme eingegebene Bemängelung ernsthaft zu würdigen, kann ihn aber nicht ohne eine Erwiderung lassen, in der sich hoffentlich ein achtungsvolles Verhalten gegenüber den mir teils menschlich nahestehenden, teils sonst von mir gewiß wertgehaltenen Persönlichkeiten nicht vermissen läßt.

Aber die Sache selbst erfordert Unmißverständlichkeit, gerade weil ich mich gegenüber religiösen Problemen ziemlich weit in die Öffentlichkeit vorgewagt habe.

Wollte ich allerdings, lieber Herr Pastor, alles sagen, was ich zu dem Thema beibringen könnte, so würde es ein Buch werden. Darum können es nur Sätze sein, die ich Sie bitte, nicht als nur notgedrungene, sondern ausdrücklich gewünschte Beantwortung der hauptsächlichsten Punkte gelten zu lassen, nämlich derjenigen, die sich meinem Gefühl nach der Lektüre der Zuschrift als die nicht wortgemäßen, sondern zu folgernden Aussetzungen an meinem Verhalten gegen Christentum und Kirche darstellen.

1. Zunächst geht mir das verpflichtende Empfinden für Kirche und Gemeinschaft nicht aus Gründen, sondern von Natur her ab. Was hinter den Worten, Formulierungen und zeitgemäßen Geltungen der christlichen Gemeinschaft als Ewiges und hingebend Verehrtes steht, wird davon nicht berührt. Dieses in das Bettlerkleid des dürftigen Wortes gekleidete Letztere ist größer als beschreibbar und kann wohl mit Beteuerungen berührt, aber weder glaubhaft erwiesen noch wörtlich bekannt werden. – Ich müßte heucheln, wollte ich durch Wort und Tat scheinen, was ich nicht bin.

2. Das natürlich nie endgültige und nie abschließbare Geschehen im Wahrnehmen und Erleben so mancher Reihe innerer Vorgänge ist indiskutierbar. Glaube, welcher Art er auch sei, ist Wohltat, Glück und Gnade, kann aber niemals das Ergebnis eines Willensakts, eines Zuspruchs oder von Ermahnungen sein. Ein Bekenntnis zu miteinander verbundenen, ein Ganzes ausmachenden, ein System begründenden Glaubensartikeln kann von mir nicht erbracht werden.

3. Ausdrücklich fühle ich mich verpflichtet, indem das Schreiben des Domgemeinderats eine Stellungnahme verlangt, zu sagen, daß die christliche Heilslehre mir eine immer geringer werdende Notwendigkeit seelischen Besitzes geworden ist. Wie wenig oder viel, ob überhaupt einen Ersatz ich dafür gewonnen, muß ich zu meinem Glück oder Schaden hinnehmen, wie es mein Tun und Lassen mit sich bringt.

4. Auf die daraus sich ergebende Frage, warum ich nicht längst aus der Kirche ausgetreten sei, um die gewiß wün-

schenswerte Klärung meiner Situation herbeizuführen, glaube ich, ohne weitschweifig zu werden, folgendes sagen zu sollen: Was man als Kind und junger Mann inbrünstig gefühlt, behält einen Gemütswert, den man mit einem radikalen Schritt der angedeuteten Art doch nicht verliert. Der Monumentalbau der Kirche, der majestätische Gang der sich folgenden und sich ablösenden Lehrmeinungen, die architektonische und künstlerische Ausgestaltung des als sakral von Jahrtausenden Erkannten gibt mir eine Ehrfurcht, in der ich das – nach dem Däublerschen Wort »Es hat der Geist sein Gleichnis in der Form erkoren« – Geborene aus dem Absoluten und Höchsten willig erkenne oder vielmehr vermittelt empfange. Ich fühle diese Ehrfurcht gegenüber der inneren und äußeren Gestaltgebung jeder der großen Weltreligionen, nicht einer einzelnen wortmäßig und begrifflich umgrenzten. So bin ich äußerlich heimisch unter der mir von den Eltern angewiesenen, gewohnt gewordenen Kirchenkuppel, freilich der Charakterisierung als Namenschrist anheimfallend. Sollte dieses Verhalten Ihnen, lieber Herr Pastor, oder Ihrem Herrn Amtsbruder anstößig erscheinen, so finde ich solches Urteil nur zu berechtigt und entziehe mich nicht der Folgerung, mich von einer Gemeinschaft zu lösen, deren Satzungen ich nicht entsprechen kann.

Der Fluch des Individualismus liegt auch auf mir, ich pflege zu sagen: ›Die Persönlichkeit ist eben doch nicht das größte Glück der Erdenkinder‹, aber dieses Fegefeuer muß doch wohl von der Welt erlitten werden. Ich habe mir oft vorgenommen, das Wort Gott nicht mehr zu gebrauchen, denn ich fühle vernichtend den Unterschied zwischen dem menschlichen Empfindungs- und Anschauungsvermögen und dem alles Sein und Geschehen einschließenden Begriff. In meiner ›Sündflut‹ habe ich dem Bibelgott ja wohl nach Vermögen das Letzte an Größe gegeben (ich weiß: ›gegeben‹ ist eine Art Lästerung), aber er ist vor meinem Gewissen doch der Gott, wie ihn Menschen als das Erhabenste zu sehen vermögen, weil sie sehen, sich vergegenwärtigen müssen, den sie so und nicht anders zu erkennen vermeinen. Leider bin ich Künstler und von Naturanlage gezwungen, Gestalt in allem wahrzunehmen, und so ist es aus menschlichem und künstlerischem Unvermögen zum Gestalt- und Begrenzungslosen Gott ›geworden‹, eben darum, weil man gestalten muß, ob man will oder nicht. So lebe ich in einem gewissen Zwiespalt meines Glaubens und Ahnens, aber seien Sie versichert, nicht ungern, sondern in der Zuversicht, daß Zweifel und Unsicherheit nichts sind, als was ich einmal in einem sonst schlechten Gedicht das ›Glück des Ungenügens‹ nannte. Ich muß bekennen, daß dieses Glück beseligend ist, beseligend durch die Erfahrung einer schöpferischen und unaufhaltsamen Ruhelosigkeit des absoluten Geschehens, vor dem weder eine religiöse noch philosophische Bestimmung Geltung beanspruchen kann, die ich also höchstens als die jeweiligen Kennzeichen historischer Höhepunkte der Menschheit anerkennen kann.

Daß die Ausgestaltungen dieser einzelnen Phasen wahrhaft groß sind und mich darum immer wieder erschüttern, verpflichtet mich nicht, ihnen oder einer einzelnen anzugehören. So lebe ich in einer Ungewißheit, die mir eine Vorstufe erscheint, von der ich nicht zurücktreten kann, ohne an mir eine Beschneidung gerade dessen zuzulassen, was ich als Sprossen und Entfalten leisester Anfänge über die Begrenztheit meiner zu ihrer Zeit beglückenden früheren Zustände hinaus ansehe. Ich hafte somit zu einem Teil, ob aus Gewohnheit, Trägheit des Geistes oder aus Scheu vor Entscheidungen, die sich abermals als nicht endgültig erweisen werden, sei dahingestellt, an dem Alten, wobei der Grad der bloßen Äußerlichkeit oder der früheren inneren Verwachsenheit nicht bestimmt werden kann.

Was ich weiter zu sagen hätte, verschließe ich in mich, denn schon die Nötigung zur Vertiefung oder zum Eingehen darauf beim Lesen durch Sie wäre einer unzulässigen Beeinflussung vergleichbar, weil es so eindringlich vorgetragen werden müßte, als ob es überzeugen wollte. Ich glaube aber, daß alles Notwendige empfangen und als selbstverständlich hingenommen werden muß, glaube obendrein, daß das Wort ein elender Notbehelf, ein schäbiges Werkzeug ist und das eigentliche und letztliche Wissen wortlos ist und bleiben muß. Es ist dem Menschen gegeben als Kleingeld zur Bestreitung seiner Bedürftigkeit und maßt sich immer wieder die Ordnung absoluter Dinge an, ein irdischer Topf der Zeitlichkeit, der aus der Ewigkeit schöpfen möchte.

Schließlich mache ich kein Hehl aus dem Bewußtsein, mit all diesem nur das Ungefähre des zu Sagenden getroffen zu haben. Die Forderung des ›Erkenne dich selbst!‹ ist vielleicht die allerhöchste und schwerste. Über sich aussagen wollen ist doch allermeist das Wagnis einer Unmöglichkeit.«

Wer über Ernst Barlachs religiöse Provokation etwas sagen will, wird redlicherweise diesen Brief in vollem Wortlaut berücksichtigen müssen, auch wenn er dem Vorgang des Briefes – der Auseinandersetzung mit dem Güstrower Domgemeinderat – mehr Bedeutung beimißt als dem vollen Wortlaut. Mit Sicherheit ist leider anzunehmen, daß mancher Leser diesen Brief als einen Raub an sich nimmt, weil auch ihm die Kirche und deren Dogmen suspekt und lästig erscheinen. Es gibt ja ziemlich viele Menschen, die meinen, auf ihre eigene Weise mit Gott fertig werden zu können, nur haben sie in den allermeisten Fällen nicht das Format eines Ernst Barlach, womit hier nicht zuerst das künstlerische Format gemeint ist, sondern das Format des Glaubens, der aus Gnade kommt. Sie haben auch nicht das Format des Umgetriebenseins und achten deshalb nicht darauf, wie sehr Barlach sich davor scheute, anderen Menschen, in diesem Fall den Christen der Domgemeinde, ihren Glauben, ihren Trost anzutasten – ja, er war nicht einmal bereit, sich selbst um diesen Glauben, um diesen Trost zu berauben. Nur mußte er in seiner »Ehe vom Himmel her«, als der Künstler, der von der anderen Hälfte, vom »Vater« des Menschen nicht loskam, hindurchstoßen hinter die Worte und Begriffe bis hin zu der so unvollendet gebliebenen neuen »Gemeinschaft der Heiligen«.

Der berühmte Brief an Pastor Schwartzkopff entspringt auch wieder einer Paradoxie bei Ernst Barlach, der von dem nämlichen Pastor Ende Oktober 1938 kirchlich beigesetzt wurde. Während der Trauerfeier in Barlachs Werkstatt teilte Pastor Schwartzkopff mit, der Verstorbene habe ihm vor Jahren gesagt, »daß er ein Christusdrama zu schreiben begonnen, aber nach den ersten Szenen alles zerrissen habe, ›das läßt sich nicht psychologisieren und dramatisieren‹«. Es trägt also nicht viel aus, wenn man heute sagt, Barlach wäre kein Christ gewesen, denn womöglich lag es an den Christen, daß er sich gegenüber dem Christentum so sperrig verhielt. Immerhin darf man nicht vergessen, daß sich vier christliche Gemeinden und deren Kirchenvorstände nach der Verfemung Barlachs durch die Nationalsozialisten bereitfanden, Bildwerke Barlachs als »entartete Kunst« zu entfernen, auch die Güstrower Domgemeinde, die es sich einst herausgenommen hatte, Barlach auf seinen Bekenntnisstand abzuklopfen. Dieses Verhalten christlicher Gemeinden hat Barlach tief getroffen.

Es gab übrigens noch einen anderen Theologen, an den Barlach gelegentlich Briefe schrieb, den Berliner Studenten und späteren Konsistorialrat Wolf-Dieter Zimmermann, der nach der Berliner Aufführung des »Blauen Boll« einige Fragen an Barlach gerichtet hatte. Absätze aus Barlachs Briefen an Pfarrer Zimmermann enthalten notwendige Ergänzungen zu dem Güstrower Brief:

»Man soll niemand aus dem Häuschen seines Trostes scheuchen. Es gewährt doch ein Dach, aber ich argwöhne doch, daß volle Verzweiflung in höchste Gewißheit führen kann. Das Nichts am Wortmäßigen mag wohl noch ans Absolute grenzen – Zahl, Ton, reine Form sind Heger der Geheimnisse, Worte sind nicht eine Sekunde das Gleiche – man sagt ›Gott‹, und jedermanns Belieben macht sich daran. Ich bin des Wortes schon lange satt, und es kommt mir doch immer wieder auf die Lippen. Wenn ich überhaupt für das Höchste, für das meiner Meinung nach der Mensch kein Augenmaß hat, wie er mit dem körperlichen Auge ja auch nicht den unendlichen Raum als Tiefe erfaßt, sondern als Fläche, die letzten Sterne scheinen neben den nächsten zu stehen, – wenn ich also vom Höchsten wortwörtlich abhandeln wollte, so würde ich vielleicht der Vielgötterei den Vorzug geben. Da kann man, ohne rot zu werden, von ›dem‹ Gott reden, der ja dann ein Mannartiges wäre, oder von ›ihr‹, der Göttin so und so, oder von meinem, dem deutschen oder gar nationalsozialistischen. – Und nun liegt doch wieder Gewalt und Zeugnis vom nach menschlichen Begriffen Erhabensten in der Art der Vertonung und Wortlaut des: ›Heilig, Heilig ist der Gott Zebaoth, und alle Lande sind seiner Ehre voll.‹ – Wer's hört, der hat's, aber wer ausdeutet, der begreift es nur, hat einen Plunder von musikalischem oder sonstigem Fachwissen in Händen.

Nein, der Künstler ist kein anderer als andere Sterbliche; immerhin als Künstler, wie andere, die getrieben oder begnadet sind, sich, ohne eigentlich zu wissen, warum und zu welchem Ende, aus der Sicherheit von der Notwendigkeit heraus formend, dichtend, phantasierend auszuleben, auszusprechen – eine Sonderexistenz. Gerade, weil er gedrängt ist, ganz und gar sein Menschentum durchlebt, durchleidet, oft mit der Verschärfung, tiefer leiden zu können, schwerer leben zu müssen, ist der Künstler, was er ist. Gab ihm ein Gott zu sagen, was er leidet? Ich glaube, daß ich schon sagte, daß ich mich scheue, seit langem, von ›Gott‹ zu reden, obgleich das Wort immer wieder plötzlich da ist. Aber von etwas Unfaßbarem zu reden, ob in gebildetem, logischem, aus der Schule gekommenem Hochdeutsch oder meißelnd, malend, zeichnend, halte ich für mein Teil für unstatthaft – dennoch, siehe oben! Nun, gewiß, niemand ist etwas für sich, immer etwas für andere, oder etwas anderes über oder neben sich. Die Beziehungen des Künstlers nun mögen sein, welche sie wollen, die Gnade, zu schaffen, möge kommen, woher sie wolle, aber gewiß weiß er nichts davon und kann darüber nichts aussagen. Die ›Gnade‹ ist so oft ein Fluch mehr als Segen; der Zwang zu oft eine Peitsche; die Ehrfurcht vor einem Höchsten erübrigt sich zu analysieren; was man vor ihm bedeutet, zu ergründen gehört nicht zur Kunst; zum Sein innerhalb seines Bewußtseins, als Einziges, als letzter Halt bleibt die Überzeugung von dem Werden seiner selbst als Mensch und seines Gewissens in der Arbeit, als aus der innewohnenden Wesentlichkeit seine Rechtfertigung findend. Ohne den ›göttlichen Funken‹ kein Mensch – die Frage erhebt sich aber, wo man eine Grenze finden soll, kann; schließlich kann eine Grenze nicht sein, alles kommt aus dem Einen, und wenn jemand trennen will, so ist halt sein Gefühl unzureichend, er versteht es ›besser‹, d. h. er ist persönlich begrenzt und macht sich seinen Gott nach seiner eigenen Façon zurecht, was niemand irgendwem vorwerfen darf.

Und der langen Rede kurzer Sinn? Dogma und Kirche, tiefer Glaube an die Lehre geben dem Künstler seine Motive, aber weder Glaube noch Lehre sind das Wesentliche, sondern nur Helfer und Anreger, Gelegenheitsmacher dem Bedürfnis des ›Über-sich-Hinaus‹ des Schaffenden. Er empfängt zweifellos, und zwar empfängt er den Hang zum Gestalten, welcher wirkliche Hang einen Zusammenhang mit der allwirkenden schöpferischen Freude beweist. Was er auch unternehmen (nicht der akademisch oder sonst beruflich angelernte ›Künstler‹, der nicht Echte) mag, nichts kann außerhalb des Wesens sein, dessen Teil er ist, wenn auch ein ›armer Vetter‹.«

So hat Barlach Geistlichen seiner Kirche Auskunft zu geben versucht, auffällig dringlich und auffällig redlich. Die Summe solcher versuchten Antworten findet sich in einem anderen Brief:

»Alles Sprechen über ›Gott‹ ist Arbeit mit einem ungeeigneten Werkzeug, dem verstandesgemäß geordneten Wort.«

Natürlich haben solche Bemerkungen Barlachs zu dem so verblasenen religiösen Getuschel in der »Barlach-Gemeinde« beigetragen. Dort will man nicht sehen, daß Barlach mit derartigen Bemerkungen den landläufigen, ganz besonders den landläufig christlichen Vorstellungen von Gott zuleiberückte. Immerhin gibt es doch den Marburger Kruzifix von Ernst Barlach, gibt es das Bildwerk »Das Wiedersehen« mit dem Auferstandenen und dem ungläubigen Thomas, das Bildwerk »Der lehrende Christus«, die Zeichnung »Die Tröstung« oder die Zeichnung »Beweinung« – ins Bild gebrachte Darstellungen jenes Wortes, in dem wir die Offenbarung des Neuen Testamentes haben. Kein religiöses Getuschel kann sich auf Barlachs Abwehr gegen das Sprechen über »Gott« berufen, denn sehr betont setzte er bei solchen Bemerkungen den unnahbaren Namen Gott in Anführungszeichen.

Es hat für Barlach niemals den mindesten Zweifel daran gegeben, daß der Mensch ein Bastard ist aus göttlicher Herkunft, daß der Mensch in seinem hiesigen Leben, in der hiesigen Irrsal, nur eine Hälfte darstellt, so wie Barlachs Holzplastiken ohne den Raum, auf den hin sie geschaffen wurden, niemals begriffen werden können. Daß bei dem Bastard, bei der Hälfte, sozusagen andrerseits Gott im Spiel ist, steht außer Frage, nur zeichnet sich für Barlach der Vater des Bastards oder die andere Hälfte des Menschen gerade dadurch aus, daß man dort mit menschlicher Nachforschung nicht hinzukommen kann. In einem Brief aus dem Jahr 1924 heißt es:

»Ich darf vielleicht sagen, daß mein immer gleiches Motiv die Gottmenschlichkeit ist, deutlicher: die immer erneute Festlegung der Situation des Menschen als Prozeß zwischen Himmel und Erde, eine Mischung von Verzweiflung und Getrostheit.«

Sicher gibt es Leute, die sich bei Barlach gern auf dessen Ablehnung des Christentums festlegen möchten, weil sie selbst Schwierigkeiten haben mit dem christlichen Glauben.

Aber wenn wir kühn sind und Barlachs religiöse Erfahrung vom Menschen als einer »Blöße zwischen Himmel und Erde« in unsere Zeit herüberholen, dann wird uns sein störrisches Verhalten gegenüber der christlichen Kirche plötzlich in einem ganz anderen Licht erscheinen. Nichts nämlich wird in der gegenwärtigen Christenheit – und so war es auch schon in der Zeit der liberalen Theologie, in der Zeit unmittelbar vor Karl Barth – weniger geglaubt als die göttliche Herkunft des Menschen, als der »Himmel«, als die von Barlach unbeirrbar behauptete, weil erfahrene Tatsache, daß wir hier nur Hälften sind, nur Pilger, nur Gäste, daß wir hier nur zelten, wie es das Neue Testament in immer neuen Bildern sagt. Mit anderen Worten: man muß kühn genug sein, einmal zu fragen, ob Ernst Barlach sich nicht von einem falsch verstandenen, falsch gepredigten, von einem säkularisierten christlichen Glauben abwandte. Er selbst hätte das so niemals gesagt, denn er war nicht Theologe, sondern Künstler. Seine Kunstwerke freilich sprechen da eine klare Sprache.

Die beiden Wandhorcher

Das Rätselwesen Mensch ist deswegen voller Rätsel, weil es in seiner irdischen Bestimmung so offenkundig nicht aufgeht, ja nicht einmal für diese irdische Bestimmung einigermaßen angemessen geschaffen und ausgerüstet zu sein scheint, woraus sich der Unfug seines hiesigen Daseins ergibt. Dabei erhebt sich allerdings die Frage nach der wahren Herkunft des Menschen, nach jenem »Gott«, von dem die Menschen nicht begreifen wollen, daß er ihr Vater ist. Wo wird er spürbar, oder bleibt er lediglich die Quintessenz menschlichen Ungenügens, ein vages Gefühl von höheren Mächten, die aber nichts bewirken, es sei denn eine Art Heimweh nach der höheren Verwandtschaft, wie beim armen Vetter?

Vielleicht wird es gut sein, dieser entscheidenden Frage zunächst einmal gelösten Sinnes, wenn nicht gar heiter beizukommen. Ernst Barlach hat nämlich nach dem »Armen Vetter« eine Art Komödie geschrieben, auch wenn er sie so nicht nannte. Das Drama »Die echten Sedemunds« ist vergleichsweise ein Satyrspiel auf die beiden metaphysischen Tragödien »Der tote Tag« und »Der arme Vetter«, ein Satyrspiel um das gleiche Thema, nur wird es hier recht kräftig auf Trab gebracht. Noch völlig heiter, verschmitzt, eulenspiegelhaft klingt das Thema im letzten Kapitel des Romans »Seespeck« an. Seespeck, der niemand anderes ist als Barlach selbst, geht in Güstrow an der Zirkusmenagerie Holzmüller entlang, die vor dem Glevinertor ihre Tiere heimisch gemacht hatte:

»Es wollte sich in ihm allerlei Galliges zusammenrotten, als vom Zelt anstatt eines majestätisch wüstenhaften Gebrülls ein wüstes Gröhlen auszugehen anhub. Aber als er ein paar Sekunden lauschend gestanden hatte, schätzte er, anfangs erschrocken, die Ursache dieses unflätigen Getöses leichter ein. Es schien im ganzen Lustkreischen zu sein, wenn auch unverkennbar Schreck oder wenigstens Erschrekken dazwischenschrillte. ›Ich wollte doch, der Löwe brächte sie einmal auf die Beine‹, dachte er. Als er weitergehen wollte, sah er ein hübsches Kindermädchen, halb noch Schulkind, halb Dämchen mit einem frech aufgerissenen Munde vor sich stehen, das einen Kinderwagen geschoben hatte und nun, den Kopf über die Schulter zurückgeworfen, an Seespeck vorbeisah und in die Richtung der Holzmüllerschen Herrlichkeit horchte, was sie anscheinend mehr mit den großen Augen als den kleinen Ohren vollbrachte. In diesem Augenblick ward bei einem Hausabbruch an der Stelle, wo sie standen, ein tüchtiges Mauerstück ziemlich hoch oben umgelegt, brach durch einen oder mehrere Fußböden hindurch nieder und wühlte eine weißliche Schuttwolke wie einen kleinen Berg auf, der sich, vom Wind seitwärts geführt, langsam auf die Straße niedersenkte. Seespeck und das Kindermädchen standen im stickigen Staub, und das kleine Kind bekam erst Augen und Nase und, als es darob in Geschrei fiel, auch den Mund voll Kalkstaub. ›Fahren Sie doch zu, Sie dummes Ding!‹ sagte Seespeck. Das Ding, das sich nicht für dumm hielt, spaltete ihre Lippe noch dreister auseinander, und Seespeck durfte sich einer frechen Erwiderung versehen, als er, halb wütend, halb mit dem Wunsche, das Ganze ins Scherzhafte zu wenden, mit den Händen nach den Zelten wies und sagte: ›Flink, flink, sehen Sie zu, daß Sie nach Hause kommen, haben Sie nicht gehört, daß der Löwe ausgebrochen ist?‹ Und alsobald hatte er dies gesagt, als der Racker von einem Kindermädchen, nicht ohne ihm in aller Geschwindigkeit die Zunge zu zeigen, fortlief und ihn bei dem Kinderwagen und dem schreienden Kinde stehenließ . . .«

Ganz ähnlich fängt das Drama »Die echten Sedemunds« an. Grude, der zu einer Beerdigung vorübergehend aus der

Irrenanstalt entlassen wurde, hat in der kleinen Stadt das Gerücht aufgebracht, daß aus der Zirkusmenagerie des Candido Franchi der Löwe Cäsar ausgebrochen sei. Dieses Gerücht führt zur Entlarvung der kleinstädtischen Gesellschaft und mancher verborgenen Schuld, zumal bei dem alten Sedemund, der seine Frau in den Tod gebracht hat. Aber sofort mit dem Gerücht vom ausgebrochenen Löwen ist Barlachs Grundthema wieder auf dem Plan. In Wirklichkeit ist der Löwe Cäsar krank. Grude unterhält sich mit dem Menagerie-Besitzer Franchi vor dem Zelt:

»*Franchi:* Wenn Sie mir ein Dottore sagen können – wirklich, ich bin so traurig für den armen Schesar, er schaut so unfreundlich rechts und links zu Boden, – daase ist kain gutes Zaichen, nein, besonders, daase er sitzt, als mochte er wohl ein Ei legen, so steht es mit ihm so böse, so böse.

Grude: Armer Kerl, der Schesar! Gestern brüllte er noch vor Wüstenhunger, daß die Luft im Lustgarten hinter der Anstalt lebendig wurde. Ja, bester Herr Franchi, wir haben alle einen unhörbar brüllenden Löwen hinterm Rücken. Das ist noch das Beste an uns, daß uns jemand in Majestät fangen und fressen will – daß wirs verdienen – wie?

Franchi: O, iche versteh sehr gut.

Grude: Ich dachte gerade gestern immerfort bei seinem Gebrüll: was bin ich eigentlich anders als sein Magengeist, seine Leibseele – außerhalb seines Mauls und Magens, versteht sich. Darum bin ich erst – Ich, sehen Sie, weil die Majestät Freude daran hat, mich zu fressen.

Franchi: O, iche versteh . . .

Grude: Wir sind eben immer zwei, der Löwe hinter mir ist auch ein Stück von mir, eine Art eigentliches Ich – so ungefähr werden Sie es auch meinen.

Franchi: Genau gesagt, ganz genau!

Grude: Man bekommt ordentlich Respekt vor sich selbst, daß man einen so brillanten Brüller aus der wüsten

Weite hinter sich weiß, der unser Bein und bißchen Seele überschlucken will und darob vor Freude brüllt – möchte man nicht selbst vor Freude brüllen?«

Da ist die andere Hälfte, das eigentliche Ich des Menschen ganz hübsch in Bewegung gebracht. Sie jagt uns, die will uns fressen in aller Majestät – und das ist noch das Beste an uns, daß wir's verdienen. Die andere Hälfte thront also nicht irgendwo hinter den Welten, sie ist auf der Jagd nach uns, sie vollbringt einiges, sie jagt dem Kaufmann Sieben-mark die Braut ab, das Fräulein Isenbarn, das nach dem Tod des armen Vetter »die Magd eines hohen Herrn« wird, eine Nonne sozusagen, die ihren ehemaligen Namen und die Spur ihrer bisherigen Tage verwischt hat. Ist es aber richtig, den Löwen Cäsar so zu deuten, denn schließ-lich kam Grude doch frisch aus der Irrenanstalt? Nun, da wird gar nichts gedeutet, der alte Sedemund bringt uns das bei. Sein Sohn hat in der Stadt erzählt, daß sein Vater das langsame Sterben seiner Mutter verschuldete. Jetzt sitzt der alte Sedemund mit allerlei Leuten aus der Stadt in einer baufälligen frühgotischen Kapelle. Dort lehnt an der Wand »ein riesiges Kruzifix in Holz, ein in Renovierung begriffe-nes uraltes, strenges Schnitzwerk«. Man packt Schuld aus gegenseitig, nachdem der alte Sedemund durch seinen Sohn in einen so schlechten Ruf als Schürzenjäger oder gar Mör-der gekommen ist:

»*Der alte Sedemund:* Keiner hier ist besser als ich. Keiner weiß alles von allen, bloß Einer lebt, das ist wahr. (Sucht mit den Augen den Christus und zeigt mit dem Finger.) Da ist der Löwe, da hängt er, und das ist schlimm, schlimmer, als wenn er brüllte und bisse. Ja, ja, das ist mein jüngster Sohn, der an mir kein Wohlgefallen hat. Ich habe ihn mir aus Holz machen lassen, damit er bei der nächsten Sintflut oben schwimmt, für 30 Silberschil-linge, und das war billig.
(Predigt:) O meine Lieben, was seid ihr für grundgute Geschöpfe, solange niemand weiß, was ihr für große

Gauner seit! Er weiß es und ist darum so mager, weil man von so viel Verschwiegenheit nicht feist wird, und ist doch noch so schwer, daß es an den Händen zerrt und zieht mit dem guten Gewicht eurer Sündenlast.«

Das klingt nun gar nicht nach einem unverbindlichen Wesen irgendwo im All. Im Gespräch mit einem Freund sagte Barlach einmal:

»Es ist nicht anders: Einzig unser menschliches Verschulden ist der Orgelpunkt aller Kunst und aller Religion.«

Der alte Sedemund ist in dieser Sache ziemlich deutlich geworden angesichts des Kruzifixes in der verfallenen Kapelle. Noch ein Stück deutlicher wurde Barlach selbst in seinem Prosatext »Die Zeichnung«, den man schon deshalb kennen sollte, weil Barlachs »Ablehnung« des Christentums da in eine ganz andere Perspektive gerät:

»Der Vater saß im Stübchen, und mit ihm saß der Sohn. Der Uhrpendel rührte sich und wirbelte die Minuten durcheinander, leere Minuten eines schlaffen Abends. Klaus malte Zahlen ins Schreibheft, aber der Vater hatte, um sich zu trösten, nicht einmal Zahlen. Endlich holte er eine Mappe, ließ den Deckel klaffen und erlaubte seinen Händen, mit den alten Blättern zu rascheln, wie es ihnen gefiel, behende oder behutsam, pomadig oder stöbernd. Eins, ein Kohlestück wie alle, blieb endlich zwischen den Fingern hängen, wippte mit den Enden auf und ab und wurde gar in Positur an der Stuhllehne gebracht, wo das Licht der Lampe voll auf die gerade Fläche fiel, stand auch noch dort, als der Sohn aufschaute und den Blick auf den Vater anschlug wie der Vater den seinen auf das Blatt. ›Was guckst du so?‹ fragte er, und der Vater antwortete mit ungefälligem Räuspern, was dem Sohn nur für kurze Zeit als Auskunft genügte. – – ›Was guckst du?‹ fragte er streng, und der Vater sah ein, daß er Bescheid geben müsse.

›Die Zeichnung hat . . . (hier fiel ein großer Name) damals gekauft, und ich habe mir noch eine Kopie davon gemacht – – ich wundere mich – –‹

›Worüber wunderst du dich?‹ drängte unwillig Klaus, und der Vater reizte ihn mit undeutbarem Schnalzen zu einem unduldsamen Bestehen auf Erklärung. ›Ich wundere mich, warum er die Zeichnung jahraus, jahrein in seinem Zimmer hängen läßt, und weiß nicht, was er daran findet.‹ Nun stand Klaus auf und stellte sich mit dem Rücken an den Ofen, da konnte er, wenn er den Kopf schief legte, das Blatt sehen. Der Gekreuzigte mit magerem Leibe, ausgerechnet in einem halben Dutzend Linien zusammengestrichen, wäre mit Händen und Füßen über die Ränder des Blattes hinausgeraten, wenn seine Wirklichkeit in Kohle jenseits der Grenzen Bestand gehabt hätte. ›Er hängt nach vorn über‹, sagte Klaus, ›ist das Kreuz abgebrochen?‹, und der Vater gestand: ›Ich weiß nicht‹. Das gefiel dem Sohn übel, und er wollte wissen, warum der Vater das ›getan‹ hätte, auf was er sich mit einem ungeratenen Ansatz zu einem Hohnlächeln abgespeist sah. ›Weiß man, was man macht?‹ fragte nun seinerseits der Vater, aber er befragte sich selbst und fühlte sich zur Ergründung der Ursache angehalten. ›Ich weiß nur, daß ich an dem Abend zum Umfallen müde geworden war und den ganzen Kram überhaupt satt hatte; es mögen ein halbes Hundert Zeichnungen vom Blatt gewischt sein, als ich auch noch diese letzte streichen wollte, aber ich war schon zu faul und zögerte einen Augenblick, und so blieb der Christus drauf – – so kams‹. Klaus war auch am Ende mit seinem Latein, und der Vater rührte schon die Finger zwischen andren Blättern, als sein Kopf, wer weiß woher, ein Stößlein erlitt und seine Blicke von der Seite her aufs Blatt fuhren. Er fragte den Sohn: ›Sieht es nicht so aus, als ob er schwebt?‹ ›Das nicht‹, antwortete Klaus, ›er fliegt‹. – – ›Und‹, ergänzte Klaus, ›es sieht aus, als wäre er am Kreuz angewachsen und das Kreuz trüge ihn‹. ›Ja‹, sagte der Vater, ›so sieht es aus, und mit der Neigung nach vorn wird die Haltung drohend, und sein Ausdruck, sein Gesicht, ist, als litte er nicht, wie man ein paar Stunden leidet, sondern als wäre Leiden sein natürlicher Zustand, als litte er und wüßte es nicht anders – –

und er und sein Kreuz hängen und fliegen im leeren Raum über alles hin‹. Der Sohn nahm es aber genauer und überschlug, daß das Kreuz irgendwo einmal auf der Erde gestanden haben müsse, und wo denn die Erde geblieben wäre, vermutlich unten, und so ginge das Fliegen wohl über die Erde hin, wie der Mond kreise und zur Erde gehöre.

›Ja, ja‹, sagte der Vater, ›schon recht, so kanns sein; man weiß ja nicht, was man macht‹. Aber Klaus, der die Sache an ein faßliches Ende gebracht wissen wollte, bedang sich aus, nun endlich zu erfahren, warum der Vater ›das getan‹ hätte. ›Es ist so gekommen‹, war die Antwort, und ›Ja‹, sagte Klaus. ›Wäre ich nicht so müde gewesen‹, fuhr der Vater fort, ›so hätte ich wohl gehofft, etwas Fertiges zu machen und dieses Halbe weggetan, wo Hände und Füße fehlen; dann hätte ich das Kreuz geradegestellt, denke ich, und vielleicht noch für den Jammer der Angehörigen Platz gehabt. Aber weil ich müde war, kam es so, nämlich über den Text hinaus‹. ›Text hinaus?‹ unterbrach Klaus, ›was für welchen Text?‹ ›Bibeltext‹, erläuterte der Vater, ›Kapitel so, Vers soviel, nämlich – – und wurde dadurch mehr, meinst du nicht auch?‹ ›Ich weiß nicht, warum ich das meinen soll‹, antwortete verstockt Klaus. ›So, du weißt es nicht, dann laß es bleiben‹, höhnte der Vater, und Klaus brachte hämisch an: ›Du kannst es mir ja sagen, wenn du es selbst weißt‹.

Der väterliche Daumen und Zeigefinger rieben den Rand des Blattes zwischen sich, ohne daß ersichtlich war, wozu es gut sein mochte. Dabei klappte es nach vorn zusammen und kam auf seine Mitblätter zu liegen, und dann fielen auch die Kiefer der Mappe zu, und die beiden väterlichen Hände faßten sie und stellten sie aufrecht gegen die Lehne des Stuhls. Die väterliche Trostlosigkeit war über ihre Stunde hinausgekommen und unversehens der Vergangenheit einverleibt. Die väterlichen Lippen wölbten sich zu zwei Bogen und pfiffen ein paar lautlose Takte. ›Siehst du‹, triumphierte nun Klaus, ›du weißt es nicht‹. ›Kann sein, daß ichs nicht weiß‹, gab der Vater zu, ›man weiß vielleicht gar nichts, aber man kann sich etwas einbilden. Ich kann mir vorstellen, daß Christus am Kreuz hängt und im Angesicht der Erde fliegt und leiden muß, so lange die Menschen bleiben, wie sie sind. Er wartet in seiner Pein, bis seine lieben Christen sich entschließen, ihn, ihren Erlöser, ihrerseits zu erlösen, indem sie anders werden, als sie sind. Aber sie werden eher meinen, daß er sich endlich davonmachen möge, denn sie feiern bald ihr zweitausendjähriges Jubiläum, und das feiert sich ohne Zweifel bequemer ohne Christus als in seiner Gegenwart.‹«

Die Zeichnung, über die Ernst Barlach da mit seinem Sohn Klaus spricht, gilt als verschollen. Darum ist es gut, daß wir diesen Text haben. Er spricht von dem Leiden Christi an den Christen, spricht von einem Thema, das bei Barlach in anderer Version häufiger aufklingt, von dem Leiden Gottes an der von ihm geschaffenen Welt, an den Menschen, die doch seine Kinder waren. Der göttliche Bettler, von dem noch zu reden sein wird, ist der bildhafte Ausdruck dieser »Einbildung« vom Leiden Gottes. Es findet sich ja bei Barlach immer wieder diese Entsprechung zwischen Gott und Mensch. Wenn man an jene Gleichnisse denkt von dem Wasserplantschen hinter der Schiffswand oder den schmalen Spalten, hinter denen es blitzt – so sieht Barlach solche Gleichnisse menschlicher Inbrunst zu Gott immer wieder auch von der anderen, der unfaßbaren, unnahbaren Seite her. In seinem ersten Drama »Der tote Tag« gibt es dafür ein besonders eindringliches Bild. Kurz vor dem tragischen Ende, ehe die Mutter sich ersticht und auch der Sohn sich tötet (»Mutters Art steht mir doch besser an«), hat der Sohn ein Gespräch mit dem Hausgespenst Steißbart. Immer war der Sohn auf der Suche nach seinem Vater, und als der ihm das Pferd Herzhorn schickte, damit er davonritte von der Mutter zum Vater, tötete die Mutter das Pferd. Da starb der Tag. Der Sohn spricht mit Steißbart über seinen Vater, der unsichtbar ist und nicht antwortet, wenn er in den Nebel des toten Tages ruft:

»*Sohn:* Bin ich ein Narr geworden?

Steißbart: So, so, du hast recht, er war kein Narr, ein Narr kann keinen Sohn haben, der nicht auch einer ist – – aber ein Stubenhocker, der bist du, und ein Bettnässer auch, das weißt du, und ein – – deine Mutter sagte es selbst – – ein Wandhorcher.

Sohn: Ein Wandhorcher? Und – –

Steißbart: Das alles wäre dein Vater auch. In der Gegend müßte man ihn suchen.

Sohn: Ein Wandhorcher, ein Wandhorcher wo, Steißbart?

Steißbart: Er? Wo horchst du? Bei ihm müßte es ähnlich sein?

Sohn: Einen Horcher zum Vater, das wäre ein jammerseliger Sohn.

Steißbart: Aber deiner, jede Art Sohn muß mit seiner Art Vater zufrieden sein.

Sohn: Nun, was soll das wieder, Steißbart, bin ich nichts Besseres als ein Wandhorcher?

Steißbart: Wer weiß! Vielleicht an der Wand, wo das Andere beginnt, was kein Mensch weiß. So einer! Der weiß, da ist nur eine Wand, und auf ihrer andern Seite lebt es, daß man atmen hören müßte, wenn man nur recht hart das Ohr anlegt. Wärst du so einer, du wärst, vielleicht ein Wandhorcher deines Vaters und dein Vater der Wandhorcher seines Sohnes. Du solltest auch ein Belaurer werden und ein Schauloch in die Wand stoßen. Das solltest du tun, daß du siehst, wie dein Vater ist.«

Das ist die dichte Entsprechung zwischen Vater und Sohn, zwischen Gott und Mensch. Der Sohn im »Toten Tag« horcht an den Wänden, um seinem Vater auf die Spur zu kommen. An der anderen Seite der Wand horcht der Vater nach seinem Sohn. So ist es auch mit dem Leid. Sie leiden umeinander, der Mensch, weil er im »Engpaß« des hiesigen Lebens ein Bastard ist, ein armes Gottluderchen, und Gott, weil er, wie der Bettler zu Noah sagt, mit dem Menschen so weit auseinander gekommen ist. Von Barlachs

Religion versteht man nur wenig, solange man das Leid außer Acht läßt. Es ist das Brandzeichen des Bastards, aber auch Gottes Verhaftung an den Menschen. In dem schwer aufschlüsselbaren Drama »Die gute Zeit« sagt Celestine, die sich für den jungen Vaphio kreuzigen läßt:

»Ich schaue und sehe mit meinen Augen – es steht wirklich ein Wort, dennoch steht ein Wort, eines Wortes Gestalt ist vor meinem Blick, und es steht da in gewordener Wirklichkeit. Sein Fuß ruht auf der dunklen Erde und seine Spitze rührt an das unzählige Gewimmel der Sterne, und so steht das Wort dunkel zwischen der Erde und den himmlischen Sternen. Und wißt, es ist ein Wort in Gestalt eines Kreuzes, das vor meinen Augen steht. Und wißt, es hängt am Kreuz mit ausgebreiteten Armen der, den die Sterne aus ihrem unzähligen Gewimmel bestimmt haben. Aber ich erkenne nicht, wer es ist und sein wird. Es ist der, dessen Herrlichkeit über alle Maßen leuchtet, den ich euch zeige, und er lockt, auf daß wir ihn sehen und suchen und erfahren, wer es ist, dessen Vollendung über alle Herrlichkeit leuchtet. Das Leid ist es, das aufwächst in der bösen und gerät zur Herrlichkeit in der guten Zeit.«

Hier kommt es in Barlachs mitunter so sperriger Sprache zu einer Identifizierung zwischen dem Gekreuzigten und dem Leid, wie sie sich schon in dem Text »Die Zeichnung« ankündigte. So mag Barlach widerborstig gewesen sein gegen die Christen, gegen die Kirche, gegen die Dogmen, doch einer der häufigsten Vorwürfe gegen das Christentum hat er sich ausdrücklich nicht zu eigen gemacht, ganz im Gegenteil. Sein Vetter Karl Barlach berichtet in seinem Buch über Ernst Barlach von einem Gespräch, das zu später Stunde auf die letzten Dinge geriet, »auf Gott, von dem er nicht gern redet, auf sein Bild und Wesen und mein und sein Verhältnis zu ihm«. In diesem Gespräch hat der Vetter Karl Barlach jenen Vorwurf ausgesprochen, den man unter der Leidenslast unsres Jahrhunderts immer wieder zu hören bekommt. Der Vetter schreibt: »Ich bäume mich auf, ich kann einen Gott nicht lieben, der soviel unendliches Leid grundsätzlich schafft und zuläßt.« Darauf sagte Ernst Barlach:

»Du bist noch nicht ganz hindurch.«

Der blinde Kule, der durch das Drama »Der tote Tag« wie eine ferne Abschattung des Vaters geht, weiß etwas vom Leid, und weil er gleichsam eine Urgestalt der Blinden unter Barlachs Plastiken ist, muß man ihm sehr aufmerksam zuhören:

»(Der Sohn setzt sich zu Kule auf die Bank, schiebt dabei ein Bündel, das dieser schwer hingelegt hat, zur Seite, stutzt und befühlt es.)

Sohn: Mit dem Bündel – – mit solcher Last kommst du weither?

Kule (lächelnd): Was wäre daran?

Sohn (läßt beschämt den Blick zur Seite gleiten, dann resolut):Ich getraute mirs kaum und du – – bist du nicht alt? Und blind mit solcher Last! Es muß ein liebes Stück sein.

Kule: Ein Stück vom Leben, ein liebes Stück vom Leben, sieh es dir an, es ist lebendig.

Sohn (packt verblüfft ein ziemlich großes Felsstück aus): Ein Stein, ein Brocken rauher Stein.

Kule: Ja, ein Brocken Leben.

Sohn: Leben?

Kule: Ich sage so, du sagst wohl anders; es ist schnell erzählt, wenn du willst. Es ist schon Jahre her – –

Sohn: Schon Jahre – – mit diesem Stein?

Kule: Ich saß in einem wüsten Lande, steinig und stolperig, daß ein Blinder schon seine Not hatte im Schreiten – aber das war nicht alles, nur das Kleinste, denn auch das andere Licht, das kleine drinnen, wollte in seinem Kämmerchen nicht mehr leuchten. Es war auch sonst dunkel als vor den Augen. Einen gräßlichen Finsternisschrecken hatte ich bei mir nisten, und einen schweren Seufzer ließ ich von mir – nun, da seufzte es zurück, so tief, daß ich mich entsetzte trotz meiner großen Not und dachte –

halt, der fühlts doppelt. Und mußte Tränen weinen. Aber als es sich von demselben Orte wieder so herzbrechend jämmerlich anhörte, gab ich schnell dem Schmerze seinen Abschied und tastete mich hin, wo es ärger schluchzte, als weinte ein hungriges Kind um seine tote Mutter. Und es war der Brocken, den du in Händen hast. Den trag ich mit mir seitdem und denke immer: lieber selbst still leiden, als andere mit so doppeltem Leid beladen. Und endlich wurde es mir deutlich, als hätte es mir eine Stimme ins Ohr gesagt: wer sich noch mit anderer Leid dazu belädt, der ist erst der wahre Mann.

Sohn (läßt den Stein langsam aus den Händen auf den Boden gleiten. Steht auf und geht langsam, Kule durchdringend anschauend, an ihm vorbei. Wie er in seiner Mutter Nähe ist, macht sie mit der Hand eine Gebärde nach der Stirn – er wehrt heftig ab. Endlich halblaut): So blind möchte einer wohl sein.«

Das darf man wohl rasch einflechten: Wer immer von Ernst Barlach sagt, auch wenn er sich dabei auf Barlach berufen könnte, daß er kein Christ gewesen sei, dem möge recht lange der so tief betroffene Satz des Sohnes in den Ohren gellen: »So blind möchte einer wohl sein.« Es ist der Schlüsselsatz zu Barlachs Bettlern, die ja meist an Krücken gehen und blind sind. Der Bastard Mensch, der ahnt, daß er ein Bastard ist und Bastard von wannen, findet seinen einzig zutreffenden Ausdruck, ja geradezu seine Identität in der Gestalt des Bettlers, die bei Barlach schon recht früh auftaucht und von da an sein ganzes bildnerisches Werk begleitet. Im Bettler hat der Mensch sich aller seiner irdischen Geltungen entledigt, seines Besitzes, seines Wissens, auch seines Gottes nach eigenem Schick, und steht nun da, gestützt auf seine Krücken, blind, in einer unendlichen Stille, los von sich selbst, sozusagen über sich selbst hinaus – und wartet. Man wird fragen, worauf denn der Bettler wartet. Wer so fragt, soll getrost noch eine Weile länger vor dem Barlachschen Bettler innehalten. Bald wird er nicht mehr fragen, aber nicht weil er jetzt die Antwort hätte, sondern weil er unterdessen selbst da steht und wartet. In der Gestalt des Bettlers reift das große Schweigen:

»Es geht nicht mit Worten zu, es fängt mit Stillschweigen an . . .«

So sagt es der Beter in dem Drama »Der Findling«. Für die Giebelnischen hoch an der Außenfassade der Lübekker Katharinenkirche begann Barlach am Abend seines Lebens die »Gemeinschaft der Heiligen«, die aus zwölf Klinkerfiguren bestehen sollte. Nur drei Figuren konnte er vollenden, die »Frau im Wind«, den »Sänger« und in der Mitte den »Bettler«, ganz gewiß den gültigsten und erschütterndsten Bettler, den er geschaffen hat. Die beiden Gestalten ihm zur Seite wenden sich dem Bettler nicht zu. Sie halten ihn insgeheim, durchströmt mit Stille und Trost. Aber sie selbst und ihr Trost sind nichts ohne den Bettler in ihrer Mitte. Von ihm geht alles Leid des Menschenlebens aus, hingehalten in den Raum über ihm. Er ist die Vollendung des blinden Kule aus dem Drama »Der tote Tag«, und er besonders gehört in die Mitte der Gemeinschaft der Heiligen, der von Gott Versehrten, nur noch auf Gott hin existierenden Menschen.

Abermals müssen wir uns unterbrechen, denn gerade in unseren Tagen sind viele Menschen, viele Christen, junge vor allem, empfindlich geworden gegen eine so »blinde«, so »wartende«, so der Welt »entrückte« Weise der Frömmigkeit. Es wäre also Barlach vorzuwerfen, daß er letzten Endes keine andere Auskunft gefunden hätte als die Überwindung der Welt, als die Loslösung von der eigenen irdischen Existenz, als das Entschwinden himmelwärts, wenn der Bastard auf seinen Vater wartet und nichts sonst mehr gelten läßt als eine mystische Versenkung in die eigentliche Herkunft des Menschen, als das »Er hat seine Augen im Himmel«, wie es am Berg Sinai der Asket Hilarion von dem Grafen von Ratzeburg sagt. Wer so von Barlach denkt und ihn abbuchen möchte als einen im »Süßwasser der

Ewigkeit« (Barlach) schwimmenden Menschen ohne irdisches Engagement, der wird sich dem Drama »Der Findling« etwas genauer aussetzen müssen, und sehr behaglich geht es da nicht zu. Es war schon die Rede von jenem aussätzigen Findelkind mit den krummen Knochen, von »Gottes Greuelgestalt«, von »euer aller Kind und Kindeskind, euer aller Schuld, euer aller Schande, euer aller aufgedeckter Schaden«. Diese ekle Mißgeburt hinter dem Windschirm des Steinklopfers wird mehr und mehr zum Mittelpunkt des Dramas, zu einem kaum noch annehmbaren Hinweis auf den Bastard Mensch. Da ist mitten unter dem Flüchtlingsvolk an der Straße ein junges Liebespaar, Elise und Thomas. Sie stehen über der ausgesetzten Mißgeburt:

»*Thomas:* Muß es sein? Wenn du es sagst, so nimm es auf.
Elise: Es muß sein, Thomas. Auf dieses Kindes grausame Gestalt lege ich die Hände, gleichwie auf die wehste Wunde der Welt. Wir müssen der schwersten Not die erste Hilfe bringen. Er soll unser erster Sohn heißen. Es muß sein, Thomas – Thomas, soll es sein?
Thomas: Wenn es *unser* Sohn sein soll, so lege deine Mädchenhände auf ihn und nimm ihn in deine Mutterarme.«

Hier wird einem jeder Vorwurf bloßer Entrückung in Ernst Barlachs Frömmigkeit vollends steckenbleiben. Die Geschichte vom barmherzigen Samariter ist eine Kleinigkeit gegen den Entschluß dieser beiden jungen Menschen, die aussätzige Mißgeburt als ihr eigenes erstes Kind anzunehmen. Wenig später heißt es in dem Drama:

»(Elise hebt ein leuchtend schönes Kind auf, es blickt munter um sich.)
Thomas: Nun bist du die Mutter eines Gottes geworden.
Elise: Es ist nur ein glückliches Kind, Thomas, unser Kind, unser Glück.
Murmelnder: Heil, Herz, und hoff,
　　　　　　Das Wort ward Stoff ...«

Diese letzte Szene des Dramas »Der Findling« darf zunächst einmal für jenes brüderliche Gefühl in Anspruch ge-

nommen werden, das Ernst Barlach gegenüber allen Ausge-
stoßenen, Verfallenen und Verfluchten empfand. Immer
schlug er sich auf die Seite der Armen, der Mißratenen, der
Trinker und der Lasterhaften, auf die Menschen im Schatten, die für ihn entscheidende Bedeutung hatten für sein
künstlerisches Schaffen. Aus dieser Solidarität mit den Ha-
benichtsen erklärt sich auch Ernst Barlachs schon früh geüb-
te Tuchfühlung mit den Sozialisten, deren Zusammenkünfte
er gelegentlich besuchte. Im Oktober 1920 schrieb er an seinen Vetter:

»Wenn Du mich einmal in Gesellschaft von Kommuni-
sten und Radikalen findest, so mußt Du wissen, daß ich
ihnen zur Einleitung der Bekanntschaft meine völlige sozia-
listische oder kommunistische Ungläubigkeit versichert habe. Diese scheint mir die allererste Konsequenz aus meiner
Weltanschauung. Die Herrschaften sind so einseitig diessei-
tig wie ich einseitig jenseitig. Aber die menschliche Kame-
radschaft, die ich dort oft finde (neulich war einer der radi-
kalsten einen Tag bei mir), ist für mich ein Gebot und zwar
das erste. Wo ich dieses finde, kann ich viel zugeben und
mittun.«

Aber natürlich reicht der liebende Zugriff der Braut Elise
in das offenbare Elend der menschlichen Mißgestalt weit
über eine solche Solidarität mit den Ärmsten hinaus. Darum wurde das Drama »Der Findling« mit Barlachs Illu-
strationen oft für Weihnachten in Anspruch genommen.
Dagegen läßt sich auch kaum etwas sagen, falls man denn
nicht jenes furchtbare Blatt »Der göttliche Bettler« aus den
»Wandlungen Gottes« vergißt, das mindestens so nahe zu
Weihnachten gehört wie die Verwandlungen des Kretins in
ein »leuchtend schönes Kind«. Jener göttliche Bettler am
Fuß der zerborstenen Leiter mit dem »Otterngezücht« wü-
tiger, wölfischer Menschen ist jenem göttlichen Bettler in
dem Drama »Die Sündflut« verwandt, der in der Wüste
einem Aussätzigen begegnet und von ihm geschlagen, getre-
ten, verflucht und schließlich mit Aussatz beschmiert wird.

So kehrt man abermals zu dem Bettler zurück. Anders ist das bei Barlach nicht möglich. Doch gerät man dabei an eine ungeheure Paradoxie. Es ist einsichtig, daß der Mensch, der sich als Bastard erfährt, als Bettler dargestellt wird, auf Gnade wartend, wenn diese christliche Vokabel hier erlaubt ist, auf ein einziges Wort seines himmlischen Vaters, auf ein Zeichen seiner Herkunft. Wie aber sieht dieses Zeichen aus, falls es denn erschiene in der hiesigen Welt? Man muß sich daran erinnern, daß die acht Gestalten vom »Fries der Lauschenden« einst für den Wettbewerb um ein Beethoven-Denkmal entworfen wurden. Sie sollten rings um den Sockel eines mit einem Beethovenkopf gekrönten Denkmals stehen. Bei dem vollendeten »Fries der Lauschenden« aber wird statt des Beethovenkopfes das Zeichen aus dem unerreichbaren Raum, wird die ungeheure Paradoxie sichtbar. Indem diese acht Gestalten des Wartens und Lauschens in ihrem Verstummen auf das Wort aus dem unendlichen Raum zu harren scheinen, haben sie das Wort schon mitten unter sich, den blinden Bettler, den Barlach in ihre Mitte stellte als das heilige Zeichen dafür, daß Gott des Menschen Vater ist. Für Barlach waren seine Bettlergestalten Wahrzeichen »für die menschliche Situation in ihrer Blöße zwischen Himmel und Erde«. So hat denn auch während der Beisetzung Barlachs auf dem Ratzeburger Friedhof Pastor Schwartzkopff das Lutherwort »Wir sind Bettler, das ist wahr!« zitiert. Wie anders also, da er den Menschen als Bettler sah, hätte Ernst Barlach die Inkarnation, die Menschwerdung Gottes, darstellen können als in der Gestalt des Bettlers? Das ist die ungeheure Paradoxie seines Bettlers: »Das Wort ward Fleisch und wohnte unter uns.«

Diese Größenordnung des Bettlers bei Barlach wird unausweichlich in der »Gemeinschaft der Heiligen« an der Lübecker Katharinenkirche und im »Fries des Lauschenden«. Der Bastard Mensch erfährt seine Würde als Bettler.

In Jean Paul Sartres Drama »Der Teufel und der liebe Gott« läßt der Feldhauptmann Götz, der von Geburt ein Bastard ist, jeden Menschen erschlagen, der es wagt, ihn einen Bastard zu nennen. Das ist seine tiefste Wunde, ein Bastard zu sein. So braucht man in der modernen Welt des mündigen, nur sich selbst verantwortlichen, sich selbst rechtfertigenden Menschen nicht ausführlicher darzulegen, warum Ernst Barlachs Darstellung des Menschen als eines Bastards eine Provokation ist. Nun hat Barlach ja selbst ein Drama um einen Bastard hinterlassen, vergraben in seinem Garten, das Drama »Der Graf von Ratzeburg«, das man nach der von Gustav Rudolf Sellner in Darmstadt 1951 im Sinn eines Stationenweges, ja man darf getrost sagen: im Sinn des Welttheaters inszenierten Uraufführung kaum je wieder auf der Bühne gesehen hat. Dafür gibt es leider einen Grund, einen sehr schmerzlichen Grund, denn Barlachs Nachlaßdrama könnte uns aller Fahndung nach Ernst Barlachs religiöser Provokation entheben, wenn es ihm nicht in jene abstrakt philosophierende Sprache geraten wäre, zu der Barlach immer eine Neigung hatte. In seinem Nachlaßdrama wimmelt es von vertrackten Wortbildungen, denen es an jeder Anschaulichkeit fehlt. Man muß das so groß entworfene Drama erst ausgraben unter einer Schutthalde versperrter Sprache. Erst dann begreift man, daß »Der Graf von Ratzeburg« nicht nur Barlachs letztes Wort, sondern die Quintessenz, die Summe seines Werkes ist.

Heinrich Graf von Ratzeburg hat einen natürlichen Sohn, wie man in solchen Fällen sagt, einen Bastard von seiner Geliebten Elsbeth. Nicht von ungefähr heißt dieser Bastard Wolf, denn immer wieder werden ja den »armen Vetter«, also den zu Gott entrückten Menschen die »wölfischen« Menschen gegenübergestellt. Der Graf kommt ziemlich benommen von einem kräftigen Umtrunk in Mölln zurück. Unterwegs in einem dunklen Wald tritt ihm plötzlich Offerus entgegen:

»*Heinrich:* Wer bricht durch meinen Wald?

Offerus (tritt hervor): Wer fragt?

Heinrich: Ich frage, Heinrich Graf von Ratzeburg, Herr und Haber, Haber und Heger, Walter und Behalter dieses selbigen Weges. Wer bricht durch meinen Wald?

Offerus: Offerus ist es.

Heinrich: Was giltst du in deinem Dasein?

Offerus: Gelten? Es geht nicht um Gelten, es geht ums Sein! Seht mich, wie ich bin: ich will etwas sein, nicht etwas gelten!«

Noch auf dem Weg, auf dem Offerus ihm nun als freiwilliger Knecht folgt, sagt der Graf von Ratzeburg:

»Bei Fredeburg kam ein wütender Kläffer hinter uns drein – und da geschah es mir, daß meine Seele in sein Gebell einstimmte – es heulte was in mir und war schaurig zu wissen, daß dies meiner Seele höhnendes Heulen über mich war . . .«

Nach seiner Heimkehr fühlt Heinrich sich unversehens bedrückt von allen seinen Geltungen und Besitzungen: »Was für Wuchten von Ärschen, was für Gewalten hocken auf mir . . .« Die Begegnung mit dem wütenden Kläffer, in dessen Gebell seine Seele einstimmte, schildert er seiner Geliebten so:

»*Heinrich:* Das ist Gott eingefallen, mir einen Wink zu schicken, und hat dir eingegeben zu kommen, damit ich der Widerwärtigkeiten meines Besitzes auch von der angenehmen Seite gewärtig bleibe. Wie gehts euch auf dem Vorwerk Römnitz, Äffchen, was? Was treibt das Wölfchen?«

Inzwischen kommt der Herzog, um den Grafen von Ratzeburg in seinem Gefolge zur Teilnahme an einem Kreuzzug zu verpflichten. Erleichtert sagt Heinrich zu Elsbeth:

»Sag selbst, Äffchen, kann man leichter aus allen Geltungen herausschlüpfen? Mir ist, als hätte ich Hiobs schäbige Pesthaut abgeworfen. Freu dich, Elsbeth!«

Mit Offerus begibt Heinrich sich auf den Kreuzzug. Am Strand, im Lager der Pilger, begegnet ihnen Marut, »der gefallenen Engel einer, Statthalter des Satans auf Erden«. Offerus folgt dem Marut, denn er brennt darauf, immer dem je höheren Herrn zu folgen. Unterdessen geraten die Christen auf ihrem Kreuzzug in die Hände der Moslems. Als Galeerensklaven sieht man den Grafen von Ratzeburg in Smyrna wieder. In den Klüften am Berg Sinai, wo Hilarion, ein christlicher Asket, in der Sonne sitzt, sagt Offerus sich von Marut los: »Folgen ist mein Teil, Dienen ist meine Herrlichkeit. Ich folge dem Wort, das Gewalt hat über die Gewalt.« Als geketteter Sklave taucht auch der Graf von Ratzeburg am Sinai auf. Dort nimmt ihm Offerus die Ketten ab, und zum erstenmal spricht Heinrich die dann ständig wiederkehrende Frage aus:

»*Heinrich* (in die Ferne lauschend): Wie hieß es doch – der Knabe Ritterlich, das Wölfchen? Geltung. Geltung?«

Hilarion spricht mit dem Gespenst des Moses am Sinai, und wenn man will, so hat man hier einen Kommentar zu vielen Plastiken von Ernst Barlach und ahnt, wie »religiös« sie in ihrem Wesen gemeint sind, auch wenn man sie gewiß nicht zur »religiösen Kunst« zählen würde:

»*Hilarion:* Dein Schatten hinkt, großer Moses, wie ein verlaufener Kundschafter auf müden Füßen. Er hinkt und hinkt, und hinkt auf ziellosen Wegen dir nach. Nicht mit Wandern, mit Anhalten führst du ihn ins gelobte Land ins Land der ruhenden Füße, des gestillten Trachtens des gestorbenen Vorwitzes. Stehen heißt empfangen...«

Mitten in diese Auseinandersetzung zwischen dem christlichen Asketen Hilarion und dem Gespenst des Moses sagt Heinrich:

»*Heinrich* (ohne Ketten): Die Ketten rasseln nicht mehr

und die Stille des Sinai ist wie die Stille eines feuchten, finstern Waldes, und eine Stimme fragt: wer bricht durch meinen Wald? und ich sage: Herr, ich bins, der hindurchbricht, und ich diene dem Herrn der Stille, deiner Stille, die meine ist, und deines Waldes, der mein ist. Seine Herrlichkeit ist mir zu Dienst, und mein Dienst ist solcher an seiner Herrlichkeit. Meine Narrheit ist gleich der seinen, und wie wäre ich ein Narr, wenn er keine brüderliche Lust an meiner Narrheit hätte. Der Herr ist nicht Herr ohne Knecht und der Knecht kein Knecht ohne den Herrn.«

Es wird immer deutlicher: Das Drama »Der Graf von Ratzeburg« ist ein Stationenweg. Offerus will stets dem höheren Herrn dienen. Hilarion übertrifft den ruhlos wandernden Moses im Anhalten. Aber Hilarion sieht sich übertroffen von dem Grafen von Ratzeburg. Noch einmal erinnert Heinrich sich seines Aufbruchs aus den Geltungen, aus den Besitzungen, seines Aufbruchs in die Blöße des Galeerensklaven, der nun am Sinai den Herrn der Stille erkannt hat:

»*Heinrich:* Die Gewölbe schlugen ihre dicken Beine über meinen Nacken und machten sich her mit ihrer Schwere auf mich – Fischrecht? Wegzoll? Holzvertrag? Holzvertrag gehört dahin, was dahin gehört, ist hin –; hier ist die Schwere der Gewölbe, hin und her und her und hin. Bellst du, Baldo? So hast du den Bau voll Atem, gehörtest einst zu meinen Geltungen. – Und das Wölfchen? Wo mag das Wölfchen sein?«

Hilarion aber, der überwundene Asket in der Wüste am Sinai sagt »kreischend«:

»Ach, du harter Gott, der die Dürre der mageren Datteln nicht sieht, nicht das Seufzen meiner kasteiten Inbrunst hört – gieß seine Narrheit in meine Leere, schöpfe meine Vollheit aus und wirf Stoppeln und Unrat der Gedanken hinein, gib Rat, mich dem Narren gleichzumachen, nimm den Ertrag meiner büßenden, hungernden und flehenden Jahre aus meinen Taschen, stoß meine Nase in den Schmutz allen Abfalls von ungeübter Forschung, aber laß mich am Glück der Furchtlosigkeit mit diesem Narren teilhaben, denn wer furchtlos ist, hat seine Augen im Himmel.«

Es ist bei einem so unerlaubt raschen Gang durch das Drama wohl etwas zu hurtig gegangen mit dem Grafen von Ratzeburg, dem von Hilarion beneideten Narren, der seine Augen im Himmel hat. Der Graf, als das Drama begann, war ein Gutsbesitzer Kurt Boll, war ein Kaufmann Siebenmark, war der alte Sedemund, war ein Besitzer und Heger, ein Haber und Gelter, gemästet in der eigenen Weihräucherei. Da kam ihm das Gebell des Hundes dazwischen, der Wink Gottes, der ihm aus allen seinen irdischen Bindungen lockte, um ihn am Ende – und das darf man bei Barlach niemals übersehen! – nun erst recht und ganz bei seiner irdischen Bindung zu behaften. Wieder sagt der Graf von Ratzeburg:

»Bellst du, Baldo? Bell gut, bell dich durch deine Jahre. – Und was macht das Wölfchen, der Junker Ritterlich?«

Damit nur ja kein Mißverständnis aufkommt über die »Entrückungen« in Barlachs Kunst, über »die Augen im Himmel«, sagt Adam in dem Nachlaßdrama: »Alle Wege führen aus der Welt in die Welt.« Derweilen erlebte Offerus während einer Winternacht am Strom – man hört das Krachen treibender Eisschollen – in einer kleinen Hütte am Ufer, daß eine Stimme vom anderen Ufer nach ihm rief. Heinrich sieht ihn keuchend aus dem Strom steigen:

»*Heinrich:* Du, deines Kettenweges Geher – Offerus, wes Weges gesellst du dich meines Weges?
Offerus: Meines schwersten und meines besten Weges, denn hör, ein Kindlein rief und begehrte, übergeholt zu werden, und als es meines Rückens Brücke betrat, fügte es zu seiner leichten Last das große Gewicht der Welt und die

schwerste Schwere aller meiner Wege. Es tauchte mich unter das Wasser und bekannte sich als den herrlichsten Herrn der Welt und berief mich zu seinem Dienst und taufte mich mit dem Wasser und sprach: nicht Offerus, Christophorus heiß hinfort, und verhieß zum Zeichen, daß mein Stab inmitten Wintersweiße grünen werde, verschwand und befreite mich von der Kette meiner suchenden Qual in Weglosigkeit und Verlorenheit – sieh!

Heinrich: Es treibt Grün und quellt Knospen hervor.

Christoffer (kniet): Ich bin der Knecht des Kindes, das Gewalt hat über die Gewalt. Diene du mit mir dem Herrn, dessen Weg eins ist seinem Ziel, dem Herrn, der Ketten löst und dessen Wort den dürren Stab deines Weges grünen macht.

Heinrich: Er rief mich nicht und begehrte nicht meines Dienstes. Nicht die Knechte sind die Haber und Holer ihrer Herren, Christophorus. Ich müßte mich fürchten vor der Schwere seines Dienstes und vor der Gewalt, die Gewalt hat über die Gewalt. Vernimm! Man taufte mich einst auf den Namen des Kindes, aber es war nur eine Taufe, ein Name und ein Schall. Sodann machte man mich zum Haber und Halter, zum Schnapper und Raffer, zum Nehmer und Anbeter der Schätze, die da Rost und Motten fressen, zum Herrn seiner Haber und Halter seiner Güter; zum Dienste – nein – zu Dienst war ich nicht angehalten, nicht des Kindes und sonst keines – ich diene nicht und begehre keines Herrn Namen zu tragen.«

Das ist ungefähr das, was man heute Kritik am Christentum nennen würde. Doch im gleichen Augenblick taucht des Grafen Bastard Wolf auf, »ein ritterlich zugestutzter Landstreicher«, und verlangt von Christopherus, daß er ihn auf seinem Rücken an das andere Ufer des Stroms bringt. Christopherus, dem der Bastard Wolf schließlich Geld anbietet, beruft sich auf seinen neuen Herrn, auf das Kind, das Gewalt hat über die Gewalt. Da kommen die Häscher, vor

denen der Bastard Wolf auf der Flucht war, ein Straßen-
räuber und Mörder indessen, während sein Vater mit den
»Augen im Himmel« am Sinai fragte, wo denn das Wölfchen sei, der Junker Ritterlich. Die Häscher nehmen den
Bastard gefangen:

»*Heinrich:* Wir kommen eines Weges, er und ich.
1. Reisiger: So sag, wer du bist, daß du dich zu seiner Kum-
panei bekennst.
Heinrich: Ich bin der Anstifter seiner Streiche. Kein anderer denn ich hat ihn auf seinen Weg gebracht, niemand
als ich ist der Fertiger seiner Unflätigkeit. Greift auch den
Schuldigen an seiner Schuld, legt eure Hände auch auf
den Schürer seiner brandigen Bescholtenheit (Reisige nehmen auch Heinrich fest).«

Auch Christopherus wird von den Häschern gefesselt. So
kommen sie zurück nach Ratzeburg, wo der Stationenweg
des Dramas seinen Anfang nahm. Der Graf und sein Bastard hocken dort im Burgverlies. Zu Wolf, der seinen
Vater »du aus dem Grab gelogener Graf« nennt, sagt
Heinrich:

> »Wie der Weg auch war, ich bins gewesen, der dich drauf
> brachte. Aber alle Wege, die ich wanderte hin und her,
> führten einzig zu dir und nirgendhin sonst.«

Während des Gespräches mit seinem Bastard kommt
Heinrich noch einmal auf den Stab des Christopherus zu
sprechen, und hier muß man sehr aufmerksam hinhören,
zumal die Abwehr des Grafen gegen den Dienst im Namen
des Kindes, das Gewalt hat über die Gewalt, sehr schroff
klang:

> »*Heinrich:* Das Wahrzeichen grünte in Winterkälte, und es
> schlug aus am dürren Holz. Es grünt Dank in meiner
> Seele unter dem Streichen deiner Hände, es knospet Lust
> aus der Dürre deiner Sündigkeit, Wolf. Die Zeichen sind
> am Werk, ich bin nicht stolz, aber bin der Güte gewiß,
> die verborgen ist in aller Dürre und lebt in der Kälte wie

die Stimme über Strom und Eis. Es ist die letzte und beste der Geltungen, die, deren häßliches Sein aus deinem Munde mich mahnt, sie nicht fahren zu lassen wie alle anderen; die letzte und beste, und sie will ich behalten, wie man das Teuerste vor dem Geringen hütet.«

Der Graf von Ratzeburg wiederholt sozusagen Ernst Barlachs Brief an den Güstrower Dompfarrer. Er wollte nicht aus der Kirche austreten. Die letzte und beste aller Geltungen will der Graf sich behalten, um das Teuerste vor dem Geringen zu hüten. Wer immer nach Barlachs Verhältnis zum Christentum, zur christlichen Kirche fragt, darf den Grafen von Ratzeburg nicht überhören. Vor dem unbegreiflichen Gott, der Gott ist hinter dem Gott der Menschen, gehört auch das Christentum zu den Geltungen des hiesigen Daseins, doch ist es die teuerste der Geltungen, die man sich auch noch am Ende aller Wege behält. Die Äußerung des Grafen im Gespräch mit seinem Bastard hat mehr Gewicht als alle Äußerungen sonst, die wir von Barlach über das Christentum kennen, denn der Graf steht unmittelbar vor seinem äußersten, seinem letzten Durchbruch, jenseits aller Geltungen. Auf dem Richtplatz in Mölln, wo der Bastard Wolf als Mordbrenner zu Tode gebracht werden soll, begegnet Heinrich abermals dem Christopherus, wie zu Beginn des Dramas auf dem Heimweg von Mölln im nächtlichen Wald, als der Graf den Offerus fragte: »Wer bricht durch meinen Wald?« Ein Möllner Schindersknecht will den Bastard Wolf noch ein Weilchen mit glühenden Zangen foltern. Da wirft Christopherus sich dazwischen. Er jagt Volk, Henker und Schergen auseinander. In diesen Augenblick flüchtet der Bastard. Er ruft seinem Vater zu: »Ein geiles Stück Unheil kam aus dem väterlichen Leibe – Da siehe zu, wie gut es tut! Zerhaut seinen gräflichen Leib bis auf die väterlichen Knochen!« Neben Heinrich steht Christopherus und betet. Zum Grafen gewendet sagt er:

»*Christoffer:* Lobe Gott wie ich und sei mit mir einig in Gottes Preis.

Heinrich: Ich habe keinen Gott – aber es sei gepriesen, daß es an dem ist, wie es ist: ich habe keinen Gott, aber Gott hat mich.

Christoffer: Wage mit mir den gleichen Weg, der ein Weg ist des Dienstes ohne Herrn über dir noch unter dir, noch zu deiner rechten oder linken Seite, den Weg, der kein Werk der Sohlen mehr ist, noch der Furcht oder des Fragens und der Ungewißheit!

Heinrich: Wohl, Freund Christoffer, such den Herrn deines höchsten Wunsches, suche, diene und verwirf ihn um einer noch größeren Herrlichkeit willen und sei im Suchen dein eigener Herr, der die Herrlichkeit des Herrlichsten aus seiner eigenen Seele schöpft. Ich war dein erster, du selbst wirst nicht dein letzter Herr sein, aber immer wird es ein höherer, und so iß das herrliche Brot der nie ermattenden Unzufriedenheit.

Christoffer: Wage mit mir den Weg, denn, du Dulder grenzenloser Demut, daß du es nochmals hörst, dieser ist der Weg der Lust. Zu den Heiden läuft meine Unzufriedenheit, um sich zu tränken zu grenzenloser Sättigung an der Ungeduld des Heidentums. Zum Preis des Gottes, der die Ungeduld schuf, damit sie in Geduld ergrüne, und der das Brot der Unzufriedenheit zu essen gibt dem, den Zufriedenheit erfüllen soll. Hör die Hörner – deine Hand!

Heinrich: Ich tränke meine Lust an ihrer Quelle, grenzenlos wie du, mein Gehorsam dient gleich dem deinen und verschwindet und schwimmt gleich deinem im Meer seiner grenzenlosen Gewißheit – weg die Hand, kein Weg weiter!

Christoffer (streichelt seine Wangen): Diesen Backenstreich für deine unherrliche Herrlichkeit, meinen Segen auf deinen Dienst und deinen Gehorsam aus deiner eigenen Gewißheit – hör die Hörner! (Ab. Wütende Haufen mit Spießen.)

Erster: Dieser eine ist der erste unter ihnen, er gilt für alle, greift ihn, bewahrt ihn gut und behaltet ihn heil für die gerechte Pein.

Zweiter: Ihn heil halten heißt unsere Wut entheiligen.

Dritter: Ihn bewahren heißt mit unserer Rache rechten –

Vierter: Ich scheiße alle Heiligen an und erkenne nur den
heiligen Namen unserer Rache – im Namen – –

Fünfter: Schlagt ihn tot!

Sechster: Was Pein, was Recht, was heilig, was wer weiß
was sonst – füttert unsre hungrigen Nasen mit seinem
Gestank – und damit gut und genug!

Man sieht ihre Spieße von allen Seiten gegen Heinrich
gerichtet, der von ihnen wie von einem Strahlenglanz umgeben steht. Er fällt.)«

Das ist das Ende des Dramas »Der Graf von Ratzeburg«. Trotz aller Unwegsamkeit der Sprache mußte daraus ausführlicher zitiert werden, denn dieses Drama ist
Barlachs Testament. In ihm kommt seine religiöse Provokation zur Erfüllung, von ihm her muß alles Werk des
Bildhauers und des Dichters Ernst Barlach gesehen werden,
jede seiner plastischen Gestalten, jedes graphische Blatt,
jedes Drama und die beiden unvollendeten Romane. Am
Grafen von Ratzeburg scheitert nämlich jeder Versuch,
Ernst Barlach doch immer wieder als einen Gottsucher zu
sehen. Dazu neigen vor allem Christen, weil sie mit Barlachs kritischen Anmerkungen zum Christentum, zur christlichen Kirche und zum Dogma nicht zurechtkommen.
Eigentlich müßten aber gerade sie vor dem letzten Wort
des Grafen von Ratzeburg verstummen: »Ich habe keinen
Gott, aber Gott hat mich.« Das ist es, was Barlach gelegentlich so widerspenstig machte gegen das Christentum, der
Verdacht, daß die Christen ihren Gott haben, einen Gott
nach ihrem eigenen Schick, einen Gott, den sie verstehen,
wie Frau Boll es sagt, und der ihnen auch nichts zumutet,
was sie nicht verstehen. Einen solchen Gott hat man, aber
für Barlach ist er allenfalls eine ferne Abschattung Gottes,
den man niemals haben kann und der einem fast immer
Dinge zumutet, die man nun gerade nicht versteht, der
einen überfällt, der einem Winke gibt, mit dem Erfolg, daß
man sein ganzes bisheriges Leben von sich abstreift und ein

Narr Gottes wird, wie der christliche Asket Hilarion den Grafen von Ratzeburg am Sinai nennt. Diese kurze Szene am Sinai, wenn Hilarion mit seinem Gott hadert und ihn um die Narrheit des Grafen von Ratzeburg anfleht, dieses »Szenchen«, wie Barlach es nannte, wurde schon nach der ersten Niederschrift des Nachlaßdramas im Jahr 1927 in einer Zeitschrift veröffentlicht, in einer abweichenden Fassung. Diese Veröffentlichung blieb bis nach Barlachs Tod die einzige Spur des Dramas »Der Graf von Ratzeburg«, und es ist gewiß kein Zufall, daß Barlach gerade diese Szene zur Veröffentlichung freigab. Zwar hat er in Briefen gelegentlich von der Arbeit an einem achten Drama gesprochen, dabei aber niemals eine inhaltliche Andeutung gemacht.

Gott hat mich – das ist nun das unwiderruflich letzte Wort Barlachs in der Frage nach dem Glauben. Noch unwiderruflicher allerdings greift nach uns die Folge dieses letzten Wortes. Der Graf von Ratzeburg läßt sich für seinen Bastard töten. Und hier, ein einzigesmal, schreckte Ernst Barlach vor der ihm sonst so verpönten Feierlichkeit nicht zurück. Ehe er fällt, steht der Graf von Ratzeburg von den Spießen der Möllner Schinderknechte »wie von einem Strahlenkranz umgeben«. Es hilft nichts, und wenn man es noch so behutsam, so leise sagen will, man muß es getrost sagen, daß der Graf von Ratzeburg und sein Bastard, das liebe Wölflein, am Ende des Dramas in einer kaum antastbaren Perspektive ein Abbild Gottes und seines Bastards, des Menschen, darstellen. Die Christen mögen dann ein Stück weiter noch über des Grafen Tod für seinen Bastard nachsinnen. Für Barlach sind dergleichen Bezüge so zimperlich gar nicht, wie sie hier ausgesprochen werden, denn für ihn war ja die Menschengestalt »der Ausdruck Gottes«, auch die aussätzige Mißgeburt (»Gottes Greuelgestalt«), die in dem Drama »Der Findling« – dort wagt Barlach am häufigsten das Wort Gnade – durch den Zugriff einer unvorstellbaren Liebe in ein heiles, strahlendes Kind verwandelt wird.

Die Menschengestalt als Ausdruck Gottes – wenn man das vollzieht, begreift man auf einmal das eigenartige Wesen der Barlachschen Bildwerke, die fast niemals, im menschlichen Sinn, individuelle Züge haben. Sie sind Ausdruck Gottes, »soweit er im Menschen und hinterm Menschen brütet, steckt, wühlt«. Das macht für unsere Zeit einer nahezu absoluten Diesseitigkeit den Umgang mit Barlach so schwierig, daß für ihn der Mensch immer zugleich Bastard oder Ausdruck Gottes ist, immer eine Hälfte, die mit den »Augen im Himmel« ihre andere Hälfte mitlebt. Barlach war einfach unfähig, das Rätselwesen Mensch ohne Gott zu sehen, zu denken, zu lieben. Als im Mai 1935 das Altonaer Stadttheater den für damalige Zeiten abenteuerlichen Mut aufbrachte, Barlachs Drama »Die echten Sedemunds« zu spielen (das Verbot folgte wenige Tage später), schrieb ein Kritiker: »Das Gespenstische an Barlachs Welt kommt daher, daß die reale Welt vollkommen bestehen bleibt und daß sie gleichzeitig durchsichtig wird: Plötzlich wird man gewahr, daß man ja etwas ganz anderes sieht, als man ›eigentlich‹ meinte.« Ein anderer Kritiker war kühn genug, sich damals auf eine künftige, also etwa auf unsere Zeit zu beziehen: »Vermutlich wird man eines Tages Barlach geradeso zwanglos verstehen, wie man heute Kleist versteht, aus dem Geist einer neuen Zeit, in der irdische Realitäten und metaphysischer Bezug keine Gegensätze mehr sind.« Hier irrte der Kritiker, denn heute bestehen zwischen irdischer Realität und metaphysischem Bezug nur insofern keine Gegensätze mehr, als der metaphysische Bezug schlechterdings geleugnet wird, nicht mehr existiert.

Darum ist alles, was Ernst Barlach geschaffen hat, für unsere Zeit eine einzige religiöse Provokation. Wer denn hält sich für einen Bastard aus höherer Verwandtschaft oder gar für einen Ausdruck Gottes? Wer würde den Weg des Grafen von Ratzeburg auch nur von ferne in Betracht ziehen oder die aussätzige Mißgeburt als eigenes Kind aufnehmen? Das alles ist sehr ungemütlich, bringt uns um den Schlaf, beraubt uns unserer irdischen Geltungen, wirft uns in Ketten, läßt uns das hiesige Leben absurd erscheinen. Darum müßte Barlachs Wort, daß der Mensch ihm die Muttersprache seiner Kunst sei, eigentlich zurückgenommen werden, denn den Menschen, wie er sich heute als Mensch versteht, hatte Barlach nicht einmal im Blick. Doch so ungemütlich und so, man möchte es hoffen, beunruhigend Barlachs Behauptung von dem Rätselwesen Mensch sein mag mit allen seinen unerbittlichen künstlerischen Konsequenzen bis zur »Gemeinschaft der Heiligen«, bis zum »Fries der Lauschenden« und dem »Gott hat mich« des Grafen von Ratzeburg – so erstaunt steht man vor einigen Bildwerken Barlachs, die einen tiefen Frieden, ach wagen wir es doch, das auszusprechen: einen tiefen Trost ausstrahlen. Das Relief »Zwei Schlafende« mag als Beispiel genügen. Es widerspricht aller Ungebärde, allem Grauen, allem sich Hinstrecken und sogar dem Bettler. Auch das ist Barlach, auch das ist Ausdruck jenes ungeheuren Wortes des Grafen von Ratzeburg »Ich habe keinen Gott, aber Gott hat mich«.

Wie Barlach mitunter in seinem Werk zu so tiefem Trost kam, läßt sich in einem Brief zum Jahreswechsel 1936/37 nachlesen. Damals war Barlach ein verfemter Mann. Seine Plastiken wurden allenthalben fortgeräumt, als entartete Kunst abgeschoben, oder wie der schwebende Engel aus dem Güstrower Dom eingeschmolzen. Bedrückt und umgetrieben schreibt er denn auch in dem Brief:

»Vielleicht ist die Mitternachtsstunde anno 36/37 der letzte anberaumte Termin für die Menschheit, sich zu besinnen – aber zu wetten ist, sie wird Bowle trinken, statt der Gelegenheit zu dienen.«

Aber den Neujahrsbrief, in dem er voller Grimm und Ironie den rapiden »Abgang der Menschheit« beschwört, beendete Ernst Barlach zu so dunkler Stunde folgendermaßen:

»Was da höher ist denn alle Vernunft, hat ja auch wohl einige Chancen. Hoffen wir seines Kommens!«

Inhalt

NACHWEISE

Die Zitate, mit denen in diesem Band Barlach selbst zu Wort gekommen ist, entstammen zumeist den im R. Piper & Co. Verlag München erschienenen Werkausgaben:

Die Dramen, in Gemeinschaft mit Friedrich Dross, herausgegeben von Klaus Lazarowicz, 2. Auflage 1959. (Seite 10 ff, 17, 19–24, 27–34, 36, 38 f, 52 ff, 58–63, 67–75)

Die Prosa I, herausgegeben von Friedrich Dross, 2. Auflage 1973. (Seite 37 f, 50 f)

Die Prosa II, herausgegeben von Friedrich Dross, 1. Auflage 1959. Seite 8 f, 13 ff, 54–57)

Die Briefe I, 1888–1924, herausgegeben von Friedrich Dross, 1. Auflage 1968. (Seite 9, 12, 16, 21, 24 f, 33, 35 ff, 39, 48, 64)

Die Briefe II, 1925–1938, herausgegeben von Friedrich Dross, 1. Auflage 1969. (Seite 17, 25, 40–47, 78)

Mit dem Dank an den Verlag für seine großzügige Erlaubnis zum Abdruck verbinden wir die Empfehlung zur Lektüre dieser Werke.